한국 가톨릭교회의 생태의식

한국 가톨릭교회의 생태의식

발 행 | 2015 년 3월 1일

지은이 | 정홍규
펴낸이 | 신중현
펴낸곳 | 도서출판 학이사
       출판등록 : 제25100-2005-28호
       주소 : 대구광역시 달서구 문화회관11안길 22-1(장동)
       전화 : (053) 554~3431,3432
       팩스 : (053) 554~3433
       홈페이지 : http : // www.학이사.kr
       이메일 : hes3431@naver.com

 ISBN _ 978-89-93280-91-3 93230

한국 가톨릭교회의 생태의식

이 책은 1908년 한라산 중턱에서 왕벚나무 자생지를 최
초로 발견하여, 이 나무를 일본에 보냄으로써 제주도에
처음 온주밀감이 도입되도록 큰 계기를 마련하신 타케
(Emile Joseph Taquet , 한국명 엄택기, 1873-1952) 신부님의 한국에
서의 사목 여정에 바칩니다.

學而思 | 학이사

■ 차례

키에르케고르S. Kierkegaard의 '어릿광대와 불타는 마을'이라는
유명한 이야기는 세상의 위기와 문제를 예언자로서 지적하는
신학자와 보통 사람들 간 소통의 어려움을 비유적으로 지적한
것이지만 그 지평을 확대하여 보면 유럽 근대 사회의 불신이 자
초한 상황을 빗댄, 즉 오늘날 우리 사회의 생태 위기 상황을 풍
자하는 이야기로 해석할 수 있다.

　덴마크를 순회하던 어느 곡예단에서 공연 중에 화재가 발생했
다. 단장은 관중 앞에 나설 준비를 다 끝낸 광대를 이웃 마을에 지
원을 청하러 보냈다. 추수가 끝난 논밭에 불씨가 옮아 번졌다가는
그 마을에도 불이 번질 위험이 컸다. 광대는 바삐 그 마을로 뛰어
가 마을사람들에게 곡예장의 진화작업을 호소했다. 그러나 마을
사람들은 광대의 이러한 호소를 구경꾼을 끌어들이려는 기발한 수
법으로만 생각하고 손뼉을 치며 요절腰絶하는 것이었다. 광대에게
는 울 일이지 웃을 일은 아니었다. 제 말이 진담이지 장난도 계교
도 아니라고, 정말 불이 나고 있다고 애걸하듯 설득하여 보았으나
모두가 허사였다. 아니, 호소를 거듭할수록 웃어 대기만 했고, 연
극 한번 그럴싸하게 잘한다고 더욱 더 흥겨워할 뿐이었다. 결국 마
을에까지 번져서 손을 쓸 겨를도 없이 곡예장과 마을이 잿더미가
되고 말았다.

실제 20세기 중반 이후 지구 생태계를 위협해온 급속한 산업화와 소비화는 급기야 지구를 '불타는 마을'로 전락시키고 있으며 생태 위기에 관한 소통을 가능하게 할 어릿광대의 예언자 역할 역시 그 어느때 보다 절실히 기대되고 있다.

그러나 문제의 본질은 교회 밖에 외부적인 요인에 있지 않고 우리의 내부에 있다. 교회의 존재 이유는 인간의 구원 중재가 아니라 하느님의 창조계를 아우르고 포용하는 방식으로 복음 해석과 사목 실천이다. 대부분의 사목자들이 본당 사목활동으로 환경운동에 참여는 하지만 여전히 신앙인과 합일체로서 자연세계와의 관계 인식을 꺼려하는 것이 주류이다. 사목자 강론도 하느님의 창조된 세계보다 구원중심으로 이야기하는 복음서에 맞추어져 있다는 것은 이러한 정황을 뒷받침한다. 우리는 십자가의 영적 지혜에 강하게 집착하면서, 오히려 우주 자체에 계시된 신적 지혜로부터 지속적으로 자신을 타자화他者化하고 소외시키는 아이러니가 사목현장에서 일상화 되고 있는 것이다.

김홍진 신부는 가톨릭교회의 환경인식과 실천에 관해 그 원인을 내적 요인과 외적 요인이 있다고 지적하였다. "내적인 측면에서 보면, 환경의식의 내면화가 충실하게 이루어지지 못했고, 환경에 대한 올바른 교육도 부재했으며, 더 나아가 환경문제에 대해 몰이해와 무관심 등도 팽만했었음을 지적할 수 있다. 외적인 측면에서 보면, 대표적으로 교회 장상長上들의 적극적인 관심과 인적·물적 자원, 투자의 부재 등을 꼽을 수 있다."

이러한 진단보다는 보다 더 심층적인 원인을 살펴 볼 필요가 있다. 이동훈 신부는 20년 동안의 가톨릭 환경운동을 이렇게 진단한다.

> "지난 20여 년간 환경운동에도 불구하고, 단순히 사회운동의 부분운동 정도로 인식되는 것은 안타까운 일이다. 하느님의 창조물인 자연환경에 대한 소중함에 대해서 교회의 지도자나 신자들의 인식이 매우 부족한 것이다. 환경보전의 임무가 신앙의 본질적 부분이라는 의식에 크게 미치지 못하고 있으며, 대안을 제시하지 못한 채 생활 속의 실천에만 그치고 있는 현실이다. 교회만이 가질 수 있는 영성으로 드러나는 운동이 없었다. 가톨릭 환경운동은 환경운동을 신앙인의 본분으로 인식하는 창조영성, 생태영성을 진작시키는 데까지 이르게 하지 못하고 사회 환경단체의 활동과 차별성을 구현해 내지 못하였다고 할 수 있다. 이는 내부의 생태신학적 논의가 부족한 것에서 기인한다 하겠다."

1990년부터 2009년까지 발표된 한국교회 문헌을 조사해 보면 인간생명운동과 자연생명운동의 '통합적 접근 방법'을 모색하기 보다는 인간 복제 허용 입법 반대, 안락사 합법화 반대, 사형제 폐지 운동, 모자 보건법 폐지 운동 등에서 보는 것과 같이 한국 가톨릭교회의 생명인식이 인간과 자연의 분리된 패러다임에서 움직이고 있다는 것이다.

린 화이트Lynn White, Jr. 교수는 1967년에 쓴 그의 논문 〈생태위기의 역사적 뿌리〉에서 유대교와 그리스도교는 인간과 환경을 명확하게 구별하는 이원론적 윤리체계를 가지고 있다고 날카롭게 비판한 바 있다. 한국 가톨릭교회에서도 개인적인 섭계명의 실천이나 레지오 신심은 열심인데 생태 사도직이나 그 실천적 대안은 웰빙 먹을거리나 재활용에 초점을 맞추는 수준을 벗어나지 못하고 있다는 지적이 있었다. 또 4대강과 제주도 해군기지 같은 대규모 자연파괴나 부당한 개발에 맞선 투쟁이 소수의 뜻있는 종교인과 시민 단체가 공조하여 이벤트식 항거에만 치중하고 있다고 지적받기도 하였다. 오히려 시민단체에 종속된 모습으로 보여져 가톨릭 생태운동의 정체성은 무엇이고 그 활동은 어떻게 전개될 것인가 하는 물음들이 제기 되어 왔다. 이 책에서는 바로 이와 같은 현실 속에서 이 시대에 직면한 생태 복음화 사명을 돌아보고자 하는 것이다.

이제 우리는 사회 정의와 생태 정의의 통합에 대한 교황 요한 바오로 2세의 생태적 전망을 계승하면서 생태 복음화를 위한 복음적·신학적·사목적으로 잘 응답해 왔는지를 성찰해 보아야 할 때가 왔다. 지난 20여 년간 본당과 교구 그리고 전국환경사제 모임에서 면밀히 기획하고 모색하고 투신한 경험과 현장의 사례를 토대로 하여 가톨릭교회 안에 '조직적인 측면'에서 연대가 왜 일관성을 이루지 못 했는지와 '생태의식적인 면'에서 본당 사목의 현장까지 왜 내면화되지 못했는지에 대한 진단이 이루어져야 할 때이다.

특히 이 책에서는 교황 요한 바오로 2세가 1990년 세계평화의 날 메시지 〈창조주 하느님과 함께 하는 평화, 모든 창조물들과 함께 하는 평화〉를 발표한 이후에 교회는 생태의식을 어떻게 이해하고 있으며 적어도 20년 동안 한국 가톨릭교회를 중심으로 한 생태 운동의 여정을 성찰하고 그 생태 사목과 활동의 결과를 토대로 하여 과제를 밝혀내고, 가톨릭교회 생태의식의 실천적 생활을 위한 패러다임과 모형을 제시함으로써 21세기 생태 위기에 직면한 지구의 운명에 대안을 제시하고자 한다.

패러다임paradigm

우리 자신과 우리 주변의 모든 것을 바라보고 생각하는 방식이며 마음의 틀이다. 미래학자 Willis Harman은 패더다임을 '현실의 특별한 비전과 관계하여 인식하고, 생각하고, 가치 평가하고 행하는 기본 방식'이라고 정의했다.

이 책은 필자의 사목적 삶의 궤적에 대한 성찰이다. 사제의 삶은 개인적이면서 공적公的인 것으로 30년 동안 사제로서의 삶의 대부분을 생태운동에 투신해 왔다. 1990년 월배성당에서 푸른평화운동을 시작하고 1991년 페놀 사건을 통해서 구체적인 삶의 현장에서 투신하였으며, 1991년 12월 15일 종교와 시민사회를 아우르는 '낙동강살리기운동 협의회'를 조직하여 본당과 지역, 신앙과 지역의 환경문제를 통합하여 본당의 테두리에서 지역으로 확장하는 계기를 마련하였다. 1990년에서 1999년까지는 월배성당에서 상인성당 그리고 천주교 대구대교구 환경전담 신부로서 가톨릭 생태운동을 본당에서 교구, 교구에서 지역, 지역에서 전국적인 연대의 폭을 넓혀 갔다.

2000년에서 2010년까지는 미국 샌프란시스코의 창조영성대학 매튜 폭스 신부와 뉴저지 주의 제니시스 농장의 미리암 매길리스 수녀에게서 수학을 하였고, 독일의 아이빙엔 힐데가르트 수녀원에서 빙엔의 힐데가르트 수녀를 연구하고 2002년 고산본당에서 그리고 2006년 경산성당에서 본당의 녹화를 위한 사목적 기획을 디자인하였다. 그리고 2003년에 오산자연학교를 설립하고 2007년에 대안학교 산자연학교의 문을 열었다. 2010년 경산본당을 떠나 산자연학교에 정주하면서 지금까지 마을기업, 사회적 기업 그리고 협동조합을 컨설팅하는 작업을 통하여 간디의 '마을이 세계를 구한다'는 생태마을만들기운동을 지속하고 있다.

한국 가톨릭의 초창기 생태운동인 푸른평화에서부터 환경사제모임, 천주교 환경연대 그리고 대안학교와 생활협동조합운동에 이르기까지로 그 운동의 중심에서 필자는 실천적 대안과 이론적 근거를 모색해 왔다.

이 책에서는 운동의 시작에서부터 현재 공동체에 이르기까지 큰 흐름에서 짚어보고 새로운 대안과 모색을 제안해 보고자 한다. 특히 1990년 교황 요한 바오로 2세의 평화생태 메시지에서부터 2010년 교황 베네딕토 16세의 '평화를 이루려면 창조물을 보호하십시오.'라는 메시지에 이르기까지 20년 동안의 가톨릭 생태 운동사의 흐름과 여정을 먼저 살펴보면서 성찰한다.

각 교구에서 추진해 왔던 작고 큰 생태운동과 전국의 본당에서 환경위원회나 소공동체를 통하여 일구어낸 녹화의 사례들을 자세하게 소개하지 못한다 하더라도 현대 가톨릭교회의 생태운동사를 큰 흐름에서 돌아봄으로써 가톨릭교회의 생태운동이 제대로 성장할 수 없었던 그 요인들을 알아내 보고자 한다.

한국 가톨릭 생태운동을 주도해 왔던 경험을 토대로 하여 생태운동을 분석해 보면 적어도 두 가지가 두드러졌다.

첫째, 필자가 깊이 투신하였던 1990년대 초 교황 요한 바오로 2세의 담화문에 영향을 받았고, 낙동강 페놀사건에 대한 외적 요인이 환경에 대한 국민적 관심을 증폭시켰다 하더라도 조직과 기본적 틀이 없이 운동이 먼저 시작됨으로써 실천적 한계에 부딪치게 되었다.

둘째, 교황청의 생태담론의 변화와 교황의 담화문 그리고 각 교구의 생태사목교서가 발표되었지만 그 생태의식을 옮길 기본적 조직과 틀은 있다 하더라도 본당조직을 이끌어가는 사목자에게 생태신학에 대한 교육이 없거나 신자들에게 지속적이고 전문적인 생태교육이 없었기에 결국 운동과 교회의 가르침이 오래가지 못했음을 알 수 있다.

이 책에서는 생태의식과 실천 모델 연구를 크게 3장으로 나누어 다루었다.

제 1장에서는 우리 교회의 생태의식을 이해하기 위해서 현대 생태사상과 그리스도교의 연결고리와 교황청의 생태의식이 어떤 변화를 가져왔나를 분석하고, 성경과 교부 그리고 현대 생태의식의 패러다임에 깊이 영향을 끼친 실천가와 사상가를 추적했다.

제 2장에서는 우선 큰 틀에서 한국 주교단의 문헌과 8개 교구의 조직과 실천사례, 지금도 끊임없이 문제가 제기되고 한국사회에 큰 반향을 일으킨 4대강 사업에 대한 주교회의 담화문과 특히 대구대교구의 푸른평화 녹화사례에 집중하여 가톨릭 생태운동의 모델을 제시했다.

한국 가톨릭 생태운동사를 통해 소수의 헌신적인 운동과 교구의 사목교서나 주교단의 성명서, 담화문의 관심에도 불구하고 지속적인 운동이 되지 못하고 본당의 현장에까지 뿌리내리지 못한 문제들을 식별하고 앞으로 풀어나가야 할 과제를 여섯 가지로 제시했다.

제 3장에서는 본당실천 사례(과거)와 생태 교육과 협동조합 사례(현재) 그리고 지역 공동체 모델(미래)을 소개함으로써 21세기 위기에 처한 행성지구를 구할 생태적 상상력과 생활실천을 위한 교회의 예언적 역할을 살펴보았다.

교황 베네딕토 16세는 자연 생태학과 인간 생태학과 사회 생태학을
평화 생태학 안에 통합시키고 인간 중심이나 자연중심에 치우치지 않고
창조하신 하느님 중심으로 보도록 하고 있다.
인간과 사회를 생태에서 소외시키지 않고
그리고 생태를 인간과 사회와의 관계에서 소외시키지 않도록
'평화 생태학'의 전망 속에서 구축해 놓았다.

한국
가톨릭교회의
생태의식

1장
가톨릭 생태의식의 이해

종교와
생태중심주의

생태학의 창시자 헥켈Ernst Haeckel, 1834-1919에 의해 생태학의 개념이 정립된 이후 생물과 환경 그리고 생물 간의 관계 논의는 최근 인간을 자연의 일부로 간주하면서 생물계 내에서의 인간의 위상과 역할을 규정하기에 이르렀다. 인간생태학적 차원의 먹이사슬에서 인간의 위상은 먹이사슬 전체에 강력한 영향력을 행사하는 존재로서 인식되고 이는 근대 이후에 유지된 인간과 자연 생태와의 관계의 양식을 잘 보여주고 있다.

1962년 레이첼 카슨Rachel Carson, 1907-1964의 《침묵의 봄》의 출판으로 환경운동이 확대되고 생태 문제가 서서히 수면 위로 부상하게 되었으며 린 화이트의 자연을 도구화하는 인간중심주의에 대해 부정적인 견해가 대두되고 생태계 위기의 근본적인 원인이 되는 인간중심적 태도와 사고를 전환시킬 필요가 있다는 문제의식이 확산되게 되었다. 그리고 그의 논문이 그리스도교 안에 적지 않은 파장을 일으키면서 신학자들 사이에서도 생태신학의 필요성에 주목하기 시작하였다. 이는 인간과 자연의 이원론二元論 확립 및 자연에 대한 합목적성이 하느님의 뜻이라고 가르친 서구 그리스도교가 가장 '인간중심적인 종교'라고 결론을 지었던 린 화이트의 사유에서 연유된다. 1979년에는 교황 요한 바오로 2세께서 화이트의 비판과 제안을 받아 들여 성 프란치스코St. Francis를 생태계의 주보성인으로 정하게 되었다.

화이트의 논쟁 후 그리스도교의 인간중심적 세계관이 생태계 위기의 원인으로 지목되면서 생태계 위기를 극복하고자 대안을 모색하게 되었다. 이에 서구 그리스도교를 대신할 다른 종교, 녹색 세계관, 우주관의 정립을 주장하는 심층생태학이 힘을 얻으면서 생태계 문제의 해결 중심에 종교의 역할이 필요하다는 생각이 확산되게 되었다.

생태중심주의

인간중심적 사고의 경계를 넘어서 인간을 포함한 더 큰 생태계라는 틀에서 세계를 해석하고 나아가 생태계의 보전을 중심 가치로 삼는 시각과 신념, 그리고 이를 바탕으로 하는 실천 체계를 포괄한다.

인간과 생태 간의 관계를 정립하기 위한 주요 대안으로 부각된 생태중심주의는 지속가능한 사회를 위한 종교의 역할에도 같은 주제로 적용되면서 관심이 집중되었다. 생태중심주의의 양대 산맥인 심층생태학과 사회생태학의 입장에서 생태중심주의와 종교의 연관성에 대해 긍정과 부정의 견해를 표명하기에 이르렀다.

심층생태학자들은 보다 포괄적인 세계관의 투영을 시도하면서 세계관 혹은 우주론 형성의 기초가 되는 종교의 중요성을 강조하고 다양한 종교전통에서 자아적 규범과 생물중심적 평등을 구현하는 문제로 접근하였다. 이들은 불완전한 인간의 대자아對自我 실현의 어려움을 인정하면서도 생태적 규범과 생물적 평등이 도달해야 할 궁극적 목적임을 강조하고 다양한 종교의 친親생태적 요소를 통하여 발견하고 보완할 수 있음을 역설하였다.

생태계 위기의 극복을 위한 심층생태학 차원에서의 걸음은 '종교의 녹화'로 나타나고 그 노력은 성경의 생태중심적 재해석과 교회역사의 친 생태적 실천 모형 발굴, 생태중심적 우주관 회복을 위한 그리스도교 애니미즘의 부활, 사회 변혁의 대안적 패러다임으로의 전환을 위한 동양의 사상과 종교의 재입지화 등의 방향으로 나타나게 되었다. 노르웨이의 아른 네스Arne Naess, 1912-2009가 처음으로 체계화시킨 심층생태학은 지구 생명권의 평등성과 일치성을 너무 강조하였기 때문에 인간과 자연 사이에 차이성을 간과했다는 점을 지적받고 있다.

그러나 머레이 북친Murray Bookchin을 중심으로 한 사회생태학에서는 사회가 직면한 생태문제를 해결하기 위해 초자연적 존재나 하느님이 아닌 이성의 힘을 강화할 것을 역설하였다. 북친은 동서양의 모든 종교를 가면이나 투사로 보았으며 생태학적 미신으로 취급했다. 그러나 북친의 사회생태학은 이성과 진보라는 현대적 신화를 극복하지 못했음을 비판받고 있다. 흥미로운 것은 북친의 자연주의적 시각은 12세기 빙엔의 힐데가르트 수녀가 자연 안에서 발견하는 창조적인 에너지 비리디타스 Viriditas와 매우 유사하다.

비리디타스viriditas

greeness는 라틴어 viriditas의 '생기있다' 또는 '푸르다'의 의미 virere에서 파생한 단어로, 영어로는 viridity 또는 greeness이다. 우리 말로는 초록이나 푸르름이다. viriditas의 의미는 greening power 즉 푸르게 하는 힘이다. 힐데가르트는 3가지 의미로 사용한다. 첫째는 자연의 생기, 둘째는 덕의 실천에서 나오는 영혼의 생기, 셋째의 의미는 자연의 생기와 영혼의 생기를 연결하는 성령의 생기라고 할 수 있다.

힐데가르트가 사용한 단어 비리디타스는 그녀의 고유한 개념이고 이후에도 거의 사용되지 않는 신학적 단어이다.

2007년 1월 1일, 교황 베네딕도 16세의 평화의 날 메시지에서 '평화 생태학(ecology of peace)' 묘사를 통해 심층생태학과 사회생태학의 통합을 시도하고 있다. 생태학에는 두 가지가 있는데 하나는 자연의 생태학(ecology of nature)이고, 또 하나는 인간 생태학(human ecology)으로 인간생태학은 사회적 생태학을 요구한다고 지적한다. 사회적 평등, 정의를 함축한 인간생태학을 자연생태학과 동등한 위치에서 언급하면서, 자연 환경을 무시하면 인간 공동체가 무너진다는 것을 설명한다. 그러면서 성 프란치스코의 '태양의 찬가' 안에 있는 다층적 생태 관심이 우리 시대에 좋은 예가 된다고 표명한다.

생태운동 현장에서뿐 아니라 생태운동을 하는 사람들 사이에서 종교에 대한 이미지 형성에 큰 영향을 미치고 있는 이와 같은 심층생태학과 사회생태학의 종교관은 생태중심주의가 담고 있는 특정 신념을 개별 종교에 수용하는 태도로 종교의 본질에 대한 피상적인 이해를 바탕으로 하고 있다. 따라서 종교적 현상에 대한 학문적 연구를 지향해온 종교학자들의 생태중심주의 연구의 방향 및 특성 규명의 필요성을 또한 나타내고 있다. 이러한 요구는 1970년대 이후 크게 대두된 세계 종교와 생태학적 사유를 상호 연결 지으려는 학계의 노력으로 확대되면서 1990년대에 들어 북미종교학회에 '종교와 생태학' 그룹이 형성되는 데에도 영향을 미치게 되었다.

실례로 1996년부터 1998년까지 2년 동안 하버드 대학의 세계 종교 연구소에서 '하버드대학 종교와 생태학 포럼'을 10회 연속 시리즈로 개최하였다. 이 기획의 중심에는 지구 신학자 토마스 베리가 있었다. 이 포럼의 각 주제는 자연에 대한 전통적인 종교들의 가르침을 다루면서 그 안에 특별히 들어있는 윤리, 상징, 전례, 실천 등을 찾아내는 작업이었다. 말하자면 전체 주제가 생태학과 세계 종교인 셈이다. 세계 종교 안에 들어있는 공통의 근거를 발견하려는 기획이라고 볼 수 있다. 이를테면 유다

이즘과 생태학, 창조신학, 그리스도교와 생태학, 유교와 생태학, 도교와 생태학 그리고 일본의 신토이즘神道主義과 생태학이다. 무려 1,000명 이상의 활동가가 참여하였고 미래를 위한 그물망도 조직하였다. 2000년대에는 플로리다 주립대학에 '종교와 생태학' 전공을 포함하는 새로운 교육프로그램을 위한 최종협의회가 개최되는 등 좀 더 본격화된 종교와 생태학의 만남이 학계에서 진행되었다.

1986년 9월 29일 이탈리아 아씨시의 성 프란치스코 대성당에서 불교, 개신교, 힌두교, 이슬람교, 유대교 등 다섯 개의 종교가 함께 모여 종파를 초월한 전례를 거행하였다. 지구축일 만들기, 지구를 위한 전례, 창조의 가득함을 위한 명상안내, 각 종파의 축복기도, 땅과 물, 공기와 물로써 무지개를 다른 양식으로 말하기 등으로 지구의 운명에 종교적 책임을 공유한 대표적인 사례였다.

또한 한 실례로 1992년 대구에서 환경보전을 위한 종교 간의 대화모임에서 개신교, 천주교, 불교, 원불교, 유교, 천도교의 자연관의 6대 종단의 발제가 있었다. 1993년 7월 16일에 대구 매일 신문사에서 6대 종단 생명윤리 종교인 대구 선언이었다.

그리고 사랑의 시튼 수녀회에서 2007년에 주제를 '생태 위기와 종교적 대안'으로 잡고 현대 생태사상과 그리스도교 등 이웃 종교와의 대화를 시도하기도 하였다.

생태중심주의가 지향하는 목적이나 취지를 긍정적으로 수용하는 입장에서 그 이념을 보완하고 재해석하려는 움직임이 동양의 전통사상과 세계 종교에서도 나타나고 있다. 이를테면 인간과 자연 전체 즉 생태계를 아우르는 개념인 기氣를 근거로 기氣생태주의를 주장하는 입장도 있으며 불교를 생태철학의 체계로 재해석하려는 견해도 있다. 유교에서도 유학 사상을 생태주의로 이해하려는 시도가 나타나고 있는데, 이러한 전통 사상과 생태중심주의 접목 성향은 생태중심주의에 대한 비판적 시각을 충분히 고려하여 접근할 필요가 있다는 우려를 낳기도 하였다.

우리나라에서도 생태적 문제에 대한 대안으로서 생태중심주의적 이념에 주목하면서 이를 전통적 사상 혹은 종교와 결합하여 생태철학으로 재해석하려는 움직임이 일어나고 있다. 반면에 이러한 흐름에 대해서 바티칸은 심층생태학이나 생태중심주의를 범신론과 뉴 에이지 그리고 유사종교로서 비판하고 있다는 사실이다. 그 한 예로 2010년 교황 베네딕도 16세의 '세계 평화의 날 담화'에서 '인간 구원의 원천을 순전히 자연주의적 차원에서 이해된 자연에서만 찾는, 새로운 우상숭배에 물든 새로운 범신론에 빠지게 됩니다.'(13항)라고 하였다.

신화神話학자 조셉 캠벨Joseph Campbell은 영웅의 여정을 분리와 귀향의 길이라고 묘사했다. 이 길을 다르게 표현하면 분리의 영성을 가장 분명히 보여주었던 때인 불교와 유교, 유일신이 발생한 종교 중심의 제1차 축의 시대와 자연과의 의식적인 일치와 연결의 영성을 지향하는 제2차 축의 시대(the second axial age)로 말할 수 있다.

오늘날 우리 시대의 종교가 해야 할 위대한 과업은 다시 이 우주와 결합시키는 일이다. 지금까지 종교가 분화와 개성화의 길을 걸어 왔는데 종교(religion)라는 단어는 라틴어 'religare'에 뿌리를 두며 '다시 연결하다'는 의미이다. 제2차의 축인 종교의 역할은 다시 연결하는 것이다. 분리의 길에서 하나의 종種으로서 우주와의 재결합을 향해 나아가는 것이다. 우리에게 직면한 도전과제는 자연과의 재연결을 의식적으로 시도하는 것이고, 생물학적이고 우주적인 정체성을 깨우치게 하는 것이다.

영국의 철학자 오언 바필드Owen Barfield는 인류 앞에 놓인 현재를 이야기하면서, 자연과의 관계라는 측면에서 인류가 지금까지 크게 두 개의 시기를 거쳤다고 말했다.

첫째 시기는 인간이 무조건적으로 자연에 원시적으로 의존했던 수렵채집시기와 수렵생활에서 농경생활을 거쳐 산업혁명시기를 지나면서 인간과 자연과의 관계가 근본적으로 바뀌는 둘째 시기 즉 개발과 정복의 시기이다.

바필드는 인간과 자연과의 관계라는 관점에서 인류는 세 번째 시기의 시작점에 와 있다고 썼다. 인간이 다시 자연과 밀접하게 관계를 맺는 시기이다. 수렵시기처럼 자연에 대한 두려움 때문이 아니라 보다 큰 우주 공동체 혹은 생명 공동체의 긴밀한 일부가 되겠다는 의도적인 선택으로 자연과 동행하는 시기가 바로 지금이다. 제레미 리프킨Jeremy Rifkin은 '생물권 의식'이라고 표현한다. 토마스 베리는 '모태지구'라는 용어를 소개하면서 어머니와 자녀의 관계성에서 의존에 관한 새롭고 근본적인 변화가 지금 일어나고 있다고 말한다.

최근까지는 자녀는 어머니에 의해서 돌봐졌다. 지금은 자녀에 의해서 어머니가 폭넓게 돌봄을 받아야 한다고 말하면서 이 과정에 필요한 것이 '지구영성'이라고 말한다.

가톨릭 생태의식의
변화와 특징

　1891년 교황 레오 13세의 회칙 〈새로운 사태, Rerum Novarum〉 발표 이후 70년이 지난 1961년 교황 요한 3세는 회칙 〈어머니요 스승, Mater et Magistra〉에서 하느님이 무진장한 자연과 인간에게는 그 욕구에 맞게 자연을 변화시킬 수 있는 창의력을 부여하였고, 과학과 기술의 힘을 이용하여 자연의 지배를 확대하여야 함을 선포하면서, 교황청이 자연을 바라보는 시각이 지극히 인간 중심적임을 보여주었다.

　그후 환경 문제가 교황청 문헌에 나타난 것은 교황 바오로 6세의 교서 〈팔십주년, Octogesima adveniens〉에서이다. 그 내용에서도 인류의 계층 간 물질적 불공평성의 심화와 자연 파괴의 결과를 우려하고 있어 환경문제를 자각하기 시작하였음을 보여주고는 있으나 일부분에 그치고 있다. 이렇게 로마 교황청의 생태의식은 제2차 바티칸 공의회, 교황 바오로 6세의 1967년에서 1978년까지 '민족들의 발전 80주년', '스톡홀름 환경회의에 보내는 편지' 등을 통해 환경에 대해서 이야기 했으며 교황 요한 바오로 2세도 1978년에서 2002년까지 여러 문헌에서 환경문제를 언급했다. 생태에 대한 교회의 가르침과 관련하여 교황 문헌의 생태의식을 분석해 보면 다음의 네 가지로 정리할 수 있다.

첫째, 인간이 생태계의 다른 창조물과 다른 존재라는 그리스도교적 인간중심주의가 일관되게 고수되고 있다. 근본 시각은 지구를 인류를 위한 자원으로 본다. 생태 문제에 있어서는 인간중심주의적이다. 1964년에서 1972년까지 교황청 문헌을 개관해 보면 '지상의 재화는 모든 인류의 유일한 세습자산'이다. 1972년에서 1987년까지의 개관은 '모든 인류의 공동 세습 자산인 창조', 1978년에서 1989년까지의 개관도 '자연은 인간을 중심으로 한 모든 창조물이 창조주와 맺은 계약을 반영하는 거울'이다.

둘째, 1990년 이후 생태적 시각이 바티칸에서 변화가 일기 시작했다. 가장 우선적인 정의와 평화의 맥락 속에서 생태문제를 다루고 있다. 특히 교황 요한 바오로 2세의 생태의식에서는 경제 정의의 문제가 생태계 파괴와 불가분의 윤리적 관계를 맺고 있음을 강조하고 있다. 교회는 이미 교황 바오로 6세의 '민족들의 발전' 반포 20주년을 맞아 교황 요한 바오로 2세가 '사회적 관심'(1987)을 발표하면서 그 안에 제시된 '생태적 회심'의 신학적·영성적·사목적 전망과 투신 방향을 통합하기 시작하였다.

1990년은 한국 가톨릭 생태운동이 시작된 해이기도 하다. 1978년 10월 5일에 자연보호헌장을 발표한 정부도 1992년 6월 5일 환경의 날에 환경운동의 국가선언을 선포하기도 하였다. 또 1990년 정의 평화 창조질서 보전(Justice, Peace and Integrity of Creation, 약칭 JPIC) 개신교 세계 교회 대회인 서울 대회가 열렸지만 한국 가톨릭은 관심을 기울이지 않았다.

1990년 1월 1일 교황 요한 바오로 2세의 세계 평화의 날 메시지 '창조주 하느님과 함께하는 평화, 모든 창조물과 함께하는 평화'의 발표는 한국 가톨릭 평화 생태운동 원년의 이정표가 되었는데, 이는 추상적, 관념적, 철학적, 신학적 수준에 머무르는 것으로 일관하던 예전의 문헌들과는 달리 여기서는 생태학적 문제들을 구체적으로 사세하게 밝히고 있다.

오존층의 파괴, 온실효과, 산성비, 토양부식, 화석연료의 붕괴 등을 명확하게 열거하면서 그 이면에 자리 잡고 있는 참상의 근본원인들을 주시하였다. 산업의 발전, 거대한 도시집중화, 막대한 에너지의 수요 증대와 무절제한 동식물의 남획과 무분별한 자연자원의 개발로 생태계의 균형이 파괴되고 있음을 지적하였다. 또한 현대 사회는 자체의 생활양식을 심각하게 반성하지 않는 한 생태계 문제의 해결책을 찾을 길이 없음을 명시하였다. 잘못된 세계관의 문제 및 도덕적 위기의 측면과 생태문제가 맥락을 함께 한다는 것으로 생태문제를 본격적으로 언급하면서 생태운동은 신앙인의 하느님에 대한 의무라고 천명하였다.

셋째, 바티칸은 여전히 생태문제를 낙태, 배아실험, 동성애 반대 입장 등 생명의 소중함을 옹호하는 맥락에서 포괄하는 경향성을 나타내고 있다. 교황 베네딕토 16세의 회칙 '진리안의 사랑'(2009) 51항에서 다음과 같이 분명히 지적하고 있다.

"생명권과 자연사의 권리가 존중되지 않고, 인간의 수정과 임신, 출산이 인위적으로 이루어지며, 인간 배아가 연구에 희생된다면 사회의 양심은 결국 인간 생태학의 개념과 더불어 자연 생태학의 개념을 잃어버리고 말 것이다."

넷째, 이 책에서 '생태의식'이라는 용어를 선택하였다. 우리는 흔히 자연보호, 환경보전, 환경생명이라는 용어에 친숙하다. 그리고 우리 교회도 역시 1986년 바이젝커Von Weizsacker가 제시한 '정의와 평화 그리고 창조질서보전(JPIC)' 용어를 활용한다. 환경위원회, 환경관리위원회, 생명과 환경위원회, 창조보전위원회 등 교구나 본당에서는 통일되지 않는 다양한 용어를 사용한다. 평화생태라는 용어는 1891년 레오 13세에 의하여 새롭게 형성되기 시작한 가톨릭교회의 사회적 가르침과 공동선의 관점에서 인간의 노동과 사회 관계 그리고 나라들 사이의 관계에 초점을 맞추면서 사회 생태학의 정의와 평화, 자연 생태학인 창조질서 보전까지 적극적으로 통합하는 교황 베네딕도 16세의 생태 지평에서 비롯된 용어이다.

교황 베네딕토 16세 역시 교황 요한 바오로 2세가 그러하였던 것처럼 회칙은 물론 세계 평화의 날 메시지를 통해서도 현대의 생태 문제에 대해서 응답하였다. 교황 베네딕토 16세는 2007년 세계 평화의 날 메시지에서 '인간 생태학'과 '사회 생태학'이라는 개념을 통합하여 세계 평화에서 인간과 자연의 상호 지지 관계를 지향하여 '평화 생태학'을 주창한다. 또한 2010년 '평화를 이루려면 창조물을 보호하십시오'라는 제목으로 세계 평화의 날 메시지를 발표하였다. 이 메시지는 교황청에서 현대 세계의 발전 과정에서 나타난 생태 문제에 가장 체계적으로 응답한 것 가운데 하나이다.

교황 베네딕토 16세는 자연 생태학과 인간 생태학과 사회 생태학을 평화 생태학 안에 통합시키고 인간 중심이나 자연중심에 치우치지 않고 창조하신 하느님 중심으로 보도록 하고 있다. 인간과 사회를 생태에서 소외시키지 않고 그리고 생태를 인간과 사회와의 관계에서 소외시키지 않도록 '평화 생태학'의 전망 속에서 구축해 놓았다.

녹색
렉시오 디비나

지금까지 신학에서 한 번도 사용하지 않는 단어가 하나 있다. 힐데가르트 수녀가 사용한 비리디타스Viriditas, 즉 녹색 에너지, 녹화하는 힘, 녹색 생명력으로 이해할 수 있다. 우리는 생명의 힘에 대한 표현으로서 빙엔의 힐데가르트의 상징은 '비리디타스, 즉 축복의 녹색 생명력'을 통해서 발견하게 된다.

수도자들이 오랜 수행의 방법으로 '렉시오 디비나'를 선택해 왔다. 이 방법이 이제는 성경읽기의 하나의 흐름으로 정착해 나가는 것은 바람직하게 여겨진다. 어떤 영성으로 성경을 읽고

렉시오 디비나

라틴어 '렉시오 디비나(Lectio Divina)'를 직역하면 '신적 독서', '신성한 독서' 또는 '거룩한 독서'이다.

묵상하는 가에 따라 그 의미도 달라진다. 감리교 신학자 이정배 교수는 하느님의 은총을 두 가지 색으로 표현한다. 먼저는 녹색이고 다음은 적색으로 나타날 수 있다. '녹색을 창조 중심의 영성이라면 적색은 죄와 구원중심이 영성'이라고 이해한다. 녹색은총이 삶의 토대를 이루게 하는 것이라면, 적색은총은 인간을 인간되게 하는 최상의 선물인 까닭이다. 그에게 있어서 적색은총을 해석하는 독특한 시각은 단연코 적색은총을 녹색은총의 빛에서 이해 - 창조물의 고통, 생태계의 위기 - 하는 것이다.

지금까지 우리는 적색은총의 안경을 끼고 성경을 통독해 왔다면 이 축복의 녹색 생명력의 관점으로 성경을 읽어 내는 것을 '녹색 렉시오 디비나Green Lectio Divina'라고 부른다. 토마스 베리가 말하는 '제 3의 매개'를 촉진하는 독서법이라고 할 수 있다. 제3의 매개는 인간 공동체와 지구 사이의 매개이다. 이런 독서법을 채택한 이유는 우리 교회가 적어도 13세기 이래로 우선적으로 오로지 영혼 구원적 과제에 몰두하면서 창조와 축복 과정에 상대적으로 무관심하였기 때문이다. 1967년 린 화이트는 그리스도교가 생태위기를 조장한 배후 세력이라고 지목했다. 사실 우리의 신앙고백 선언인 사도신경에서도 창조에 대해 주목하지 않고 오로지 초자연적인 세계에만 눈을 돌렸다. '첫째 매개' 즉 하느님과 인간 사이의 매개이며 '둘째 매개'는 인간과 인간 사이의 매개이다. 우리의 교리나 사목은 '자연적 세계에 실질적인 관심'을 보이지 않는다. 지금까지 너무 과도하게 신적 초월에 압도적으로 몰입하여 첫째 매개와 둘째 매개에만 관심을 가졌다. 그 결과 21세기 인류는 만물의 영장이나 지구 최고의 영광이 아니라 지구에서 가장 파괴적인 범죄자가 되고 만 것이다.

토마스 베리는 "해결책은 이전의 종교적·영적·윤리적·인본주의적 전통을 단순히 회복하는데 있지 않고 우리가 살고 있는 이 행성과 인간이 형성하는 모든 관계에서 재질서화 하는 데 있다."고 말한다. 제3매개를 촉진하는 새로운 '종교적 감수성'을 토마스 베리는 지적한다. 지금 필요한 것은 새로운 대안 종교의 창안이 아니라 행성과 지구의 관계를 치유하고 회복하는 새로운 '종교적 감수성'이다. 이 감수성으로 렉시오 디비나를 하자는 동기는 죄와 구원중심의 영성에서 창조와 축복중심의 영성으로 균형을 잡아 줄 것이라고 기대하기 때문이다. 토마스 베리는 우리에게 이런 파격적인 주문을 한다.

"우리는 성경과 예수에 관해서는 산더미처럼 많은 책을 갖고 있지만, 자연세계에 관하여, 또한 그리스도와 우주를 같이 보는 입장에 관해서는 별로 책을 찾을 수 없는 것이다. 그리스도와 지구를 같이 보는 입장에 대해서 사람들은 별다른 주의를 기울이지 않고 있다. 물론 구세주에 관해 관심을 기울여야만 하지만, 그러나 그것이 우리가 관심을 기울여야 할 문제의 전체는 아니라는 말이다. 심지어 구원은 그리스도 이야기의 전체도 아니다. 내가 제안하는 것은 우리가 앞으로 얼마 동안은, 대략 20년 동안은 성경책을 서가에 꽂아둘 필요가 있겠다는 말이다. 그래야만 우리가 당면 문제에 대하여 보다 적절하게 접근할 수 있을 것이다. 우리는 '자연세계를 통하여' 우리에게 나타내 보이시는 하느님의 계시를 경험할 필요가 있다."

우리에게 필요한 것은 맹목적인 종교 활동이 아니다. 이해의 폭을 넓히는 능력이다.

프란츠 알트는 《생태주의자 예수》에서 예수는 결코 위계적 질서의 교회를 창안하지 않고 예수의 마음은 생태계를 위한 평화와 치유 즉 힐링과 웰빙이었다고 강조한다. 역사적으로 30년 전쟁, 십자군 전쟁, 9·11테러 등 종교의 평화 없이는 세계 평화가 없었지만 자연의 웰빙 없이 인류의 구원이 없다는 것은 교황 베네딕도 16세의 간절한 외침인 '평화를 이루려면 창조물을 보호하라'에서 말해 준다. 자연의 평화 없이 지구 행성의 평화도 없다는 의미이다. 단적으로 일본 후쿠시마 원전 사고가 동아시아 평화뿐만 아니라 밥상의 생선까지도 마음 놓고 먹을 수 없게 만든 것에서도 이를 엿볼 수 있다.

가장 짧지만 드라마틱하고 시작과 끝이 연결되어 있는 치유의 복음서인 마르꼬 복음을 녹색 렉시오 디바나를 통해서 한번

찬찬히 통독해 보면 예수의 생태적 이미지를 찾을 수 있다. 적색은총의 고정관념을 벗고 새로운 종교적 감수성 즉 녹색 감수성을 통해서 '녹색 성경'의 색인을 만들 수 있다. 그리고 성경 구절 하나하나에 생태적 이미지도 발견할 수 있다.

2008년에 하퍼 콜린스 출판사에서 녹색 성경(green bible)을 출판하였다. 종이 면은 린넨 커버 콩기름 잉크를 사용하고 재활용된 종이다. 성경 안에는 녹색 편지 에디션이 있는데 녹색으로 성경 구절을 강조하여 창조에 대한 하느님의 관심을 부각시켰다. 예수는 생태계를 어떻게 생각하는지 등의 녹색렌즈를 통해 신구약을 읽도록 녹색으로 포커스를 해 두었다. 즉 녹색 창조 구절을 표시하고 녹색 성경 색인 및 개인 학습 가이드도 만들었다.

마르꼬 복음은 원래 16장 8절로 끝나지만 끝을 내지 않고 열린 채로 남겨둔다. 우리를 당황하게 만들지만 미완성의 결말은 우리에게 도전으로, 과제로 다가온다. 생태적 감수성으로 미완성을 완성하라는 메시지라고 생각된다. 마르꼬 복음을 생태적 감수성으로 녹색 렉시오 디비나를 통해서 포착한 '생태적 이미지'는 아래와 같다.

하늘을 우러러·배불리·더럽다·깨끗하다·쉬어라·푸른·찬미·가없은 마음·먹을 것·좀 쉬어라·구멍·한 몸·어린이·누룩·여행·놋

그릇·무릎·손을 내밀어·부대·뜯기·안식일·저절로·건강·살리
다·먹을 것·나누어 주도록·단지·잔·침·혀·한숨·두 귀·열두 광
주리·전대·지팡이·목수·등불·함지·음식·빵·포도주·헌 옷·나
귀·닭·뱀·사자 털옷·가죽 띠·신발 끈·그물·지붕·천 조각·강아
지·포도·갈대·물고기·양·돼지·들짐승·새·비둘기·메뚜기·낙
타·소금·잎·가지·겨자씨·풀·곡식·흙·돌·들꿀·이삭·씨·싹·뿌
리·가시덤불·열매·줄기·낟알·달·별·해·구름·돌풍·저녁·외딴
곳·사방·고을·들·바다·광야·강·하늘·호수·밀밭·산·뭍·돌밭·
땅·비탈·풀밭·너희는 온 세상에 가서 창조물에게 복음을 선포하
여라.

생태 성인

생태학자이면서 세균학자인 르네 뒤보Rene Dubos는 그의 저서 《안에 계신 하느님》A God Within, 1972에서 '지구신학'을 말하면서, 지구신학을 창시한 사람은 베네딕도 성인이라고 말했다. 교황 요한 바오로 2세는 1979년에 성 프란치스코를 생태주보성인이라고 추천하였다. 그리고 교황 베네딕도 16세 교황은 자신이 독일 사람으로서 거의 1,000년 만에 12세기의 수녀원장인 빙엔의 힐데가르트를 2012년에 교회박사로 호칭하고 또 비공식적이었던 성녀를 공식적으로 성녀품에 올렸다. 이 세 성인의 공통점은 자연 또는 생태적이다. 베네딕도 성인은 자연관리, 프란치스코 성인은 자연찬미 그리고 힐데가르트 성녀는 자연치료라고 볼 수 있다. 그러므로 세 성인을 생태 성인(Eco Saint), 녹색 교

부라고 부를 수 있다. 이 세 성인 중에 누구보다도 힐데가르트
가 우리의 마음을 끄는 이유는 물론 그녀가 작업한 저서에 대한
역사적 실재성에 대한 문제가 있다고 하지만, 그녀의 자연치료
법과 통합적 치료에 대한 재조명은 오늘날 현대의 새로운 의학
에 많은 시사점을 주리라고 생각한다.

힐데가르트

스트렐로 박사Dr, Wighard Strehlow는 2003년 4월 29일부터 5월
1일까지 대구 고산성당에서 힐데가르트의 통합적인 치료법을
강의한바가 있다. 스트렐로는 '힐데가르트-의학이 서구 세계
의 유일한 그리스도교적 자연요법으로 중국인들의 뛰어난 보
편 의술, 인도인들의 아유르베다 의술, 그리고 일본인들의 장수
법과 견줄만하다.'고 기술했다.

힐데가르트Hildegard von Bingen, 1098-1179는 고통을 따로 떼어 놓
고 보지 않고, 관찰하고 치료하는 전체적인 방법을 지니고 있었
다. 늘 사람의 온 몸과 마음을 바라보고 그 고통의 원인과 출처
를 물었던 것이다.

신성, 우주, 신체, 심리 등의 4가지 영역에서 '전체적인 치료'
가 동시에 일어나기만 한다면, 힐데가르트의 사고방식에 따라
인간은 실제로 치유될 수 있다.

첫째, 신성한 영역으로 건강을 비롯해 모든 질병이 인간과 하

느님과의 관계와 긴밀하게 연결되어 있다는 것이 곧 힐데가르트의 생각이었던 만큼 그 관계가 잘못될 경우 그로 인해 병이 생길 수 있었다. 그리고 또한 병자가 병의 인과성을 제거하지 않는 한, 하느님은 그가 완쾌하지 못하도록 하신다고도 생각했다. 그러나 병자가 지금까지 자신의 생활양식이 건강치 못했다는 것을 인식하고자 할 의향이 있다면 하느님은 치유를 허락하시며 촉구하신다.

둘째, 우주적인 영역으로 자연에 대한 힐데가르트의 관점은 소우주 속에 있는 인간과 모든 것을 감싸고 있는 대우주가 일치한다는 데 있다. 이는 주위 환경이 인간에게 의존하듯 인간 또한 자신의 주위 환경에 의존하고 있다는 것을 의미한다. 따라서 힐데가르트는 인간들이 대우주를 침범하듯 불, 물, 흙, 공기 등의 4가지 요소의 힘이 똑같이 인간을 침범한다고 파악했는데, 그 힘이라는 것이 오늘날에는 아마도 신성한 에너지와 같은 그런 뭔가로 이해되는 것 같다.

셋째, 신체적인 영역으로 힐데가르트에 따르면 인간의 체액들이 인간 자신을 위한 중요한 혼합 비율의 상태에 더 이상 있지 못할 때 질병이 생기기 마련이라고 한다. 그리고는 체액들이 사실상 질병의 분비액, 환경에서 비롯된 독소, 그리고 심각한 영양결핍에 의해 변화된다고 생각했다.

고대 시대에는 노란 쓸개, 검은 쓸개, 혈액, 가래 등 4가지의 체액들로 식별되었다. 그런데 힐데가르트의 업적에서는 마르고 축축하고 거품이 있거나 또는 미지근한 서로 다른 형태를 취한 점액이 고대에서 전수된 4가지 체액을 대신한다.

체액들은 서로 특정한 관계에 놓여 있다. 따라서 가장 상위에 있는 체액이 두 번째를 지배하며, 첫 번째와 두 번째 체액을 점액이라 부른다. 그리고 두 번째 체액은 재차 세 번째를 지배하고, 세 번째는 네 번째를 지배하며, 세 번째와 네 번째를 가래라 일컫는다.

더 강한 체액이 더 약한 체액을 능가하고 약한 것이 강한 것에 적당하게 영향을 미치게 될 때, 인간은 건강을 유지한다. 그러나 어떠한 체액이라도 자기를 능가하는 힘을 완화하기 위한 충분한 힘을 소지하지 못한다면, 그 사람의 건강은 위험에 처하게 된다.

힐데가르트의 경우 이미 고대 시대에 많은 질병의 원인으로 작용된 검은 색의 담즙을 고대의 4가지 체액 가운데 유일한 것으로 여긴다.

넷째, 심리적인 영역으로 오늘날 의사들이 진단하고 치료할 경우 갈등, 문제, 두려움, 근심, 부정적인 스트레스, 좌절, 그리고 심리적인 것에 따른 부담 등이 때로 심각하기까지 한 신체적 질병을 유발하는 요인일 수 있다는 점에 주목하고 있다. 힐데가르트에 의하면, 심리적인 질병은 주로 사랑, 존중, 호의, 희망 등이 부족함으로써 생겨난다고 한다. 심리적인 고통은 전신의 건강상태를 약화시키고, 저항력을 감소시킨다. 신체와 심리는 구분될 수 없기에 한 곳이 건강하지 않으면 다른 곳 역시 해를 입기 마련이다.

중세의 치료법과 중세의 약초도감을 한국의 동의보감과 비교해 보면 새로운 레시피나 치료법을 제공해 줄 것이다. 더욱이

중세의 약초도감

힐데가르트는 293종의 식물, 63종의 나무, 8종의 금속, 72종의 새, 18종의 파충류 등을 자세히 그녀의 자연학에서 소개하고 있다.

힐데가르트 시대는 전문적인 의학지식이 없었던 시대였다.

서양에서 의학이 대학 교과과정에 들어오게 된 것이 13세기였다는 점에서도 힐데가르트의 의학을 21세기의 만성질환을 치료하는데 검증할만 하다고 본다. 베네딕도 성인의 자연과의 공생, 프란치스코 성인의 자연과의 관상, 힐데가르트 성녀의 자연을 통한 전인적 치료, 이 세 분의 생태영성을 통합하면 토마스 베리의 꿈, 생태대로의 출애굽이 일어날 것이라고 본다.

특히 힐데가르트는 1,000년 만에 비로소 민중의 성녀에서 2012년 '보편적인 교회박사'로 우리의 문지방에 들어섰다는 사실이다. 교황 베네딕도 16세는 2012년 10월 7일에 성 베네딕도 수도회 수녀인 빙엔의 성녀 힐데가르트를 보편교회의 박사로 선포함을 영원히 기념하기 위하여 사도적 서한을 보냈다. 이 서한에서 교황은 어떤 이유로 이 칭호를 부여하는지 다음과 같이 설명한다.

"그녀의 메시지는 오늘날 세계에 대단히 시의적절합니다. 오늘날의 세계는 그녀가 제안했고 실천하였던 가치들에 특히 민감합니다. 신학적 연구에 생생한 자극을 주는 힐데가르트의 카리스마적이고 사색적인 능력 그리고 그리스도 신비에 대한 훌륭한 묵상이 그러한 예입니다. 아울러 우리는 문화, 과학, 당대의 예술과 교회 및 신학 사이의 대화, 인간 완성의 한 가지 가능성으로서 봉헌된 삶에 대한 이상, 삶의 축제로서 전례에 대한 평가, 구조의 공허한 변화가 아닌 마음의 회개로써 교회 개혁에 대한 그녀의 견해 그리고 자연(물론 자연법칙은 침해되지 않고 보호되어야 한다)에 대한 그녀의 민감성을 예로 들 수 있습니다."

힐데가르트는 일생 동안 12명의 교황과 9명의 비합법적인 교황 아래에서 십자군 전쟁(1095년-1456년), 프리드리히 1세 황제(1122년-1190년)의 통치라는 12세기의 전환기와 격동기를 살았고, 그녀가 여성으로서 네 차례의 예언자적인 설교순례를 통한 중세 교회의 쇄신과 사회부패의 비판은 생태계 위기에 처해 있는 오늘날에도 사뭇 유비적類比的이다. 힐데가르트는 가톨릭 신학에서 최초로 중세라는 제한된 우주관 속에서, 20세기의 과학과 종교를 대통합시키려고 한 점은 떼이야르 샤르뎅과 같다고 볼 수 있다.

힐데가르트는 이미 12세기에 그녀의 비전 3부작 중에 가장 기념비적인 저서《세계와 인간》제3부 〈비전 열 번째〉에 세상 종말에 대한 이런 비전이 그려지고 있다.

"사람들은 누구를 하느님이라 불러야 할지 혼란스러워할 것이고 그리스도인들 사이에서도 교회의 믿음에 대한 의심과 불확실성이 퍼져나갈 것이다. 그리고 별, 물과 다른 모든 창조물을 구성하는 요소들에서 수많은 징후가 나타나리니, 사람들은 이를 통해 곧 환란이 닥쳐오리라는 것을 알게 되리라."

요소 즉 원소들의 혼란은 지금의 기후변화, 에너지, 식량, 각종 전염병, 유전자조작(GMO, genetically modified organism)식품 등 우리가 목격하고 있는 상황이다.

힐데가르트는 현대도 아닌 중세의 여성으로서 소위 남성들의 전문특허였던 신성에 대해서 남성적인 것 뿐만 아니라 여성적인 상도 찾도록 해 주었다. 그녀가 그린 45개의 삽화 속에는 많은 여성들이 등장한다. 그 당시 그노시스파, 마니교나 이원론의 아오스딩 성인, 스콜라 철학의 도식적이고 위계적인 질서 속에서 창조주 하느님을 여성과 남성, 물질과 정신, 아버지와 어머니가 동시에 공존한다는 점을 제시하려고 했다는 점에서 중세의 르네상스 자유로운 여인 또는 '통섭적인 세계관'을 가진 녹색교부라고 하지 않을 수 없다. 힐데가르트의 영성이 오늘날 우리 시대에 맞은 이유들 중에는 몸의 영성, 세상의 긍정, 전체 창조의 질서와 일치 속에 영과 육의 건강과 행복 그리고 섭생을 보았기 때문이다. 그 일례로 힐데가르트의 스승, 유타 그리고 힐데가르트의 멘토 클레르보의 베르나르도Bernard of Clairvaux 성인과 성 프란치스코 성인도 그 시대의 영적 분위기에 타고 몸을 천대시하였다. 금육과 단식으로 성인들이 위장병을 앓았다. 특히 유타는 자신의 몸을 편대하고 고행을 영적 내규로 삼았다. 기적의 성녀 카타리나는 하루에 몸을 세 번이나 쇠사슬로 내리쳤다는 기록이 있다. 힐데가르트와 아빌라의 데레사 성녀는 영혼과 육신을 분리하는 이원론을 배척하였다. 생태성인들은 성 아오스딩과는 반대로 몸을 죄악시 않았다. 영과 육신을 분리하지 않고 하나의 단일체로 보았다. 오히려 축복의 선물로 인식했다.

힐데가르트는 물질과 영성은 분리될 수가 없는 단일체로 보았고, 떼이야르는 물질은 내적 차원을 가지고 있고, '영의 메트릭스the matrix of spirit'로 본다. 시편 104와 힐데가르트 찬가에서처럼 자연은 사용할 대상이 아니라, 경축해야할 경이로움이다. 아씨시의 성 프란치스코도 또한 모든 창조물을 그의 형제, 자매로서 불렀다. 힐데가르트 수녀는 몸과 영혼이 긴밀하게 연결되어 있음을 아름답게 표현하고 있다. "영혼과 수분이 온 나무에 젖어 흐르듯이 온 몸에 젖어 흐른다. 수액이 나무를 푸르게 하고 꽃피우게 하고 열매 맺게 하듯이."라고

마이스터 엑카르트

마이스터 엑카르트Meister Eckhart, 1260-1329는 당대의 신학자 알베르트 마누스에게 배운 도미니코 수도회 수사, 신비주의자, 예언자, 철학자, 설교가, 신학자, 시인 그리고 페미니스트이다. 그러나 그의 영성은 이단시되고 위험한 것으로 간주되고 아직까

지도 복권되지 않고 있다. 1329년 엑카르트에게 내려진 유죄판결은 신비사상과 예언의 접속을 버리라는 것이다. 그러나 엑카르트의 사상은 서구에서 주홍글씨처럼 이단의 딱지가 늘 붙어다녔다. 오히려 철학자 하이데커Heidegger나 에른스트 블로흐Ernst Bloch, 특히 융Carl Gustav Jung이나 에리히 프롬Erich Fromm 같은 사람에게 사랑을 받았다. 매튜 폭스는 에크하르트 영성을 '창조중심의 영성'이라고 말한다.

엑카르트는 설교 1에서 모든 피조물이 하느님의 말씀이다. 만물은 하느님의 말씀, 하느님의 메아리며, 하느님을 드러내기 위해 기꺼이 최선을 다한다. 설교 3에서는 피조물은 하느님이다. 설교 4에서 존재는 거룩하다. 설교 5에서 창조계는 은총이다. 설교 8에서는 영성은 깨어남이다. 설교 30에서는 피조물이 아름다움에 놀라고, 그것들은 지으신 창조주의 아름다운 섭리를 찬미하고, 자비를 베풂으로써 천상의 보화를 사서 창조의 작업에 쓴다면, 이것이야말로 구원일 것이다. 엑카르트에게는 감사야말로 궁극적인 기도인 것이다.

창조 자체가 위대한 성사이며 죄악이 아니라고 못 박는다. 이것은 성 아오스딩의 '타락구원 중심의 영성'과는 전혀 다른 차원의 영성이다. 녹색은총의 생태론자 맥다니엘J.B. Macdaniel은 전자를 '녹색綠色영성'이라고 표현하고 후자로 '적색赤色영성'이라고 표현한다. 우리 시대에 엑카르트의 의미는 인간 안에 내재되어있는 공감과 아름다움 그리고 나눔으로 자신 안에 신성을 이룰 수 있다는 것이다. 영성은 자신 안에 신성을 체험하는 것이라고 그는 말한다.

떼이야르 드 샤르뎅

떼이야르 드 샤르뎅Pierre Teilhard de Chardin, 1881-1955 신부가 우리에게 생태적 동기를 부여하는 사상 중의 하나는 '창조적 단일성'이다. 떼이야르는 현실의 모든 것 속에서 단일성을 보고, 전체의 통합 속에서 그 전체의 부분들을 관계 맺고 관계하려 노력한다. 떼이야르가 그 전체의 작업을 통해서 과학과 종교의 통합, 창조와 진화의 통합을 추구하듯이, 모든 것들의 전반적 통일성과 단일성을 추구했다. 떼이야르가 썼듯이 '창조는 통합하는 것'이었고 '더 많은 것은 더 많이 통합되는 것'이었다. 이런 통합적 견해에서 떼이야르는 물질의 내적 양상-영적 차원-을 보고 물질은 더 이상 죽거나 활력이 없는 것이 아니라 오히려 '물질에 대한 찬가' 속에서 물질을 축복한다.

중세와 20세기에 살았던 힐데가르트와 떼이야르에게는 생태계 위기라는 사건 자체를 상상할 수도 없었기에, 오히려 1950년대 떼이야르는 기술의 무한한 발전을 기대하고 있었던 것도 사실이다. 떼이야르는 과학자로서도 고생물학 분야에서도 탁월하고 선구적인 업적을 가져 왔다.

특히 떼이야르는 우주는 처음부터 물리적 차원뿐 아니라 영적, 정신적 차원을 가졌다고 말했다. 또 그는 인간의 이야기와 우주창조의 이야기를 같은 동급으로 보고 연결시켰다는 점은 토마스 베리의 우주 이야기 서곡이라고 할 수 있다. 그래서 떼이야르는 종교와 과학의 접합을 통하여 과학으로 그리스도의 현상을 파악한 최고의 신학자이다. 선구적으로 우주 만물을 예수 그리스도의 완성의 때와 연결 지어서 신학적 지평을 열어 주었다. 그러나 그의 진화론에 대한 바티칸은 떼이야르를 일생 동안 종교적인 문제만 연구하도록 지시하기도 했다. 그로인해 떼이야르는 본의 아니게 파리를 떠나 뉴욕에서 외롭고 쓸쓸하게 1955년 부활절에 귀천했다.

토마스 베리

토마스 베리Thomas Berry, 1914-2009는 떼이야르의 기술 낙관론과는 달리 기술의 한계와 위험성을 날카롭게 지적할 뿐 아니라 그리스도교의 초월신학의 문제점도 드러내고 지구야말로 우리가 읽어야 할 계시의 텍스트임을 강조하였다. 떼이야르는 진화과정에 있어서 전적으로 인간에게만 집중하고 그리스도교의 역할만 인정하였지만 토마스 베리는 인간을 넘어 지구 공동체와 이 우주의 창발적인 과정 그리고 다양한 민족들의 신앙과 초종교를 포함시켰다는 점이 아주 차이가 드러난다. 그리고 떼이야르가 지구와 우주에 초점을 맞추었다면, 베리는 문화사와 종교 연구 등 훨씬 포괄적으로 관심을 가졌다. 베리는 산업화 과정이 생태계에 미치는 폭력적 영향에 대한 떼이야르의 관심 부족과, 과학 기술로 자연계를 통제할 수 있다고 보는 맹목적 낙관론에 대해 인간 중심적 서양 사고방식을 계승한 것이라고 비판했고, 아시아에서 오랫동안 거주하며 폭넓은 여행을 했음에도 아시아 종교와 토속적 전통에 대한 떼이야르의 무관심을 지적하기도 했다. 떼이야르는 그리스도교적 관점에 제한되었다.

베리는 그리스도교 공동체를 넘어서서 종교적 경계와 국가적 경계를 초월하고 지구 공동체의 출현을 위해 공통된 근거를 창조하는 데 도움이 되도록 자신의 신학적 이야기가 배타적으로 전개되는 것을 경계했다. 환경 파괴와 생태계 위기가 국가·민족·종교를 초월하는 전 지구적·우주적 문제라고 한다면 타 종교에 대한 베리의 개방적 태도는 동양 종교와 여러 토착 종교가 인류 공통의 과제를 인식할 여지와 그 극복을 위해 협력할 기회를 주는 매우 유연성 있는 태도라고 할 것이다.

힐데가르트, 떼이야르 드 샤르댕 그리고 토마스 베리 세 사람의 공통점은 수도자라는 사실이다. 이 세 사람은 참으로 지구성인(Earth-saint)이다. 힐데가르트는 독일 베네딕도회 소속이고 떼이야르는 예수회, 토마스 베리는 미국 예수 고난회 소속이다. 두 분은 신학자인 사제로서, 다른 한 분은 독일 최초의 여의사 그리고 수도원장으로서 가톨릭의 영성 속에 존재하지만 세 분

모두 제대로 평가되고 있지 않다는 점에서 공통적이다. 세 분은 사도 바오로 이후로 요한복음 서문과 창세기 서문까지 포함해서 12세기와 21세기 시차에도 불구하고 자연을 어머니로, 우주를 신학의 기본 텍스트로 삼고 있다는 점에서 같다. 그리고 중요한 것은 이 세 분의 영성이 공통적으로 그리스도적 생태적 동기부여이다. 떼이야르는 '모든 물질들 속에는 전체적이고 상호 관계 되는 하나의 총체, 하나의 양자'이며 모든 사물들은 단일체로 불리고, 힐데가르트가 지구와 전체적 관계성 안에서 인간을 본다는 것을 골로사이(1:15-17)는 증거한다. 역시 아씨시의 프란치스코는 하느님의 창조물들은 창조의 한 가족으로서 상호 연관되어있다는 것을 이해하고 있다. 떼이야르 역시 이 상호 독립적 관계는 우주 제일의 원칙인 것으로 이해한다.

교부는 아니지만 1962년 레이첼 카슨이 《침묵의 봄》을 출판하였다. '침묵의 봄'이라는 제목은 살충제 때문에 생태계가 파괴돼 봄이 와도 새들의 노랫소리가 들리지 않을 것을 우려한다는 의미에서 지어졌다. 침묵의 봄은 화학약품이 초래하는 환경오염의 파괴적인 결과를 대중에게 처음으로 강렬히 인식시킨 책으로 인류의 환경 역사를 바꾼 책으로 꼽힌다. 이 책은 전 세계가 화학 농업의 반생명 파국적 결과에 대해 새롭게 눈뜰 기회를 만들었다. 카슨의 경고는 커다란 반향을 일으켰다. '침묵의 봄'은 미국 생태운동에 기폭제가 되었다. 그녀는 여기서 농업과

임업 분야에서 사용되는 고엽제나 제초제 같은 화학 약품들이
자연과 지구 생명 공동체에 끼치는 치명적인 결과를 고발하고
있다.

토마스 베리도 이 레이첼 카슨에 자극을 받아 문화사학자에
서 지구학자(geologian)로 돌아섰다고 한다. 마치 예언자 같은 이
'침묵의 봄'에는 21세기에도 극에 달하고 있는 반지구 행업行業
의 위기의 양상들을 찾아 볼 수 있다.

생태 성인들의 새 패러다임의 의식을 다음과 같이 정리할 수
있다.

첫째, 신비주의에 대한 거부에서 신비주의를 향한 갈망

둘째, 인간중심주의에서 생태학적 그리고 우주론적 중심주의

셋째, 영혼과 육신을 분리하는 이원론에서 영혼과 육신을 하
나로 보는 일원론—元論

넷째, 지나치게 강조된 구원이야기에서 창조이야기로 균형

다섯째, '신神은 남성이다'에서 '신은 남성뿐만 아니라 여성'
으로 다른 이미지로 상상

여섯째, 죄로부터 시작하지 않고 찬미와 감사로부터의 시작

일곱째, 신은 저 곳에 있지 않고 신은 만물 속에, 만물은 신 안
에 만유내재신론, 창조적 단일성 속에 있음을 인식

여덟째, 메마름에서 촉촉한 영성으로의 전환

아홉째, 물질과 육체를 죄악시하는 것에서부터 축복으로의
전환

장일순과
토마스 베리의
생태비전

장일순과 토마스 베리는 한 번도 서로 만난 적은 없지만 우주라는 여정의 이야기 속에서 만난다.

무위당 장일순无爲堂 張壹淳, 1928-1994은 '나락 한 알 속의 우주'라는 말을 남기고 토마스 베리는 '우주 이야기'를 우리에게 들려주었다. 장일순은 우리에게 밥 한 그릇에 우주가 있다는 말로써 138억 년의 우주 이야기를 함축적으로 우리에게 들려준다. 토마스 베리의 우주 이야기는 장일순의 밥 한 그릇, 나락 한 알, 조 한 알 속에 들어 있는 우주를 풀어낸 이야기이다. 여기 소개하는 우주 이야기는 나락 한 알 속에 압축된 거룩한 이야기이다.

1) 우주는 1백 38억 년 전 - 궁극적인 신비의 에너지로부터 나온

최초의 폭발로 시작되었다. 수소와 헬륨, 그리고 모든 것들, 모든 창조물들이 모습을 드러낸다.

2) 10억 년이 지난 후 - 최초의 별들이 나타난다. 이들은 자기들끼리 확대하고 부딪치면서 탄소, 산소, 유황, 철, 기타 생명에 필요한 요소들을 만들어낸다. 이 과정은 몇 십억 년 동안 계속되어 우리 시대까지 이어지고 있으면서, 수십억 개의 별을 각기 거느린 수조 개의 소우주들을 만들어냈다.

3) 46억 년 전 - 은하수 우주에서, 우리의 모체 별이 번쩍이는 불빛으로 폭파했다. 그 풍부한 기체성 잔해로부터 텅스텐, 구리, 플로린, 은, 실리콘, 마그네슘, 티탄, 칼슘, 기타 다양한 물질들이 만들어져 먼 이후 어느 날 코끼리, 고양이, 나비, 모차르트, 그리고 우리 자신들을 구성하는 부분이 된다.

4) 46억 년 전 - 태양이 태어났다.

5) 1억 년이 지난 후 - 지구와 우리의 태양계에 있는 다른 행성들이 형성된다. 지구는 불덩어리와 창조활동으로 가득 찬다. 지구가 식으면서 표면에 지각이 형성된다. 끓고 있는 내부로부터 분출한 수증기가 구름을 형성한다. 비가 수 세기 동안 내려 바다가 만들어지고, 표면의 열이 점점 식으면서 바위로 굳어진다.

6) 39억 년 전 - 박테리아가 등장하면서 지구는 잠을 깬다. 생명이 시작된다.

7) 20억 년 전 - 지구에는 산소 위기가 찾아왔다. 바다 속에는 수많은 박테리아들이 많은 산소를 대기 중으로 분출하고 있어 생명이 위태로웠다. 그래서 지구는 산소를 사용하는 미생물을 만들어낸다. 우리는 여전히 신체 세포 속에 산소를 사용하는 이 최초의 미생물의 자손들을 가지고 있다.

8) 10억 년 전 - 세포들이 생존과 발전을 위해 서로 결합하기 시작한다. 양성 번식이 시작된다. 동물들은 이후 서로 잡아먹기 시작한다.

9) 6억 년 전 - 지렁이와 해파리가 최초의 신경조직을 갖추고 나타났다.

10) 5억 년 전 - 물고기가 등장한다. 이제 신경조직은 뼈에 의해 보호되는데, 이는 보다 복잡한 생명체로 향한 중요한 발전이다.

11) 4억 2천 5백만 년 전 - 생명체가 대륙으로 이동한다.

12) 3억 9천 5백만 년 전 - 곤충이 나타난다.

13) 3억 7천만 년 전 - 최초의 나무와 양서류가 나타난다.

14) 3억 3천만 년 전 - 곤충들에게 날개가 생긴다.

15) 2억 3천 3백만 년 전 - 공룡과 꽃 등장.

16) 2억 1천 6백만 년 전 - 최초의 포유동물 등장.

17) 1억 5천만 년 전 - 조류 등장.

18) 6천 7백만 년 전 - 공룡 멸종.

19) 2천 5백만 년 전 - 전시대를 통틀어 최대로 큰 해상 동물인 고래가 등장한다.

20) 2천 4백 만 년 전 - 풀이 대륙 전역으로 번지기 시작한다.

21) 250만 년 전 - 인간이 지구상에 나타난다.

22) 50만 년 전 - 의복, 주거지, 불이 사용된다.

23) 10만 년 전 - 제례절차를 갖춘 매장 의식이 시작된다.

24) 4만 년 전 - 인간의 언어가 시작된다.

25) 3만 2천 년 전 - 최초의 악기가 만들어진다.

26) 2만 년 전 - 활과 화살이 최초로 사용된다.

27) 1만 년 전 - 농사가 시작된다.

28) 3천 5백 년 전 - 고대 문명이 시작된다.

29) 2천 년 전 - 예수가 탄생한다.

30) 400년 전 - 현대적인 국가 설립이 시작된다.

31) 50년 전 - 우주로부터 지구가 보이게 된다.

32) 오늘날! (스토리는 계속 펼쳐지고 있다.)

　진화가 진행되는 가운데 가장 놀라운 특징들 중 하나는 생물 발전의 각 단계에 그 속도가 가속화 된다는 것이다. 광합성을 하는 박테리아가 만들어지게 되기까지는 약 39억 년, 즉 지구 역사의 8/10에 해당하는 시간이 걸렸다. 식물과 동물 발전 전체는 지구 역사상 최후의 1/9에 해당하는 부분에서 발생했다. 육지 동물의 역사에서 인간은 그 시간의 단지 일부분, 즉 40만 년 정도만을 장악하고 있으며, 이 기간은 지구 역사의 0.01%에도 못 미치는 것이다. 우주 이야기에서 인간은 나락 한 알보다도 더 작은 존재이다. 이 우주 이야기를 나와 연결하여 새로운 우주 이야기를 구성해 보면 다음과 같다.

　첫 원자에서 현재 자신에게 이르기까지 일어난 23가지 우주 이야기

　1) 첫 원자가 나타나다.

　2) 원자들이 모여 물질의 첫 번째 분자가 되다.

　3) 물질의 분자들이 합쳐져 거대한 어머니별과 은하계를 형성한다.

　4) 첫 태양들이 폭발하면서 우주에 새로운 별과 태양계, 생명을 위한 원자로의 씨앗을 심는다.

　5) 은하계는 수십억 개의 태양과 행성을 심는다.

6) 단세포 유기체가 지구의 바다에서 진화하기 시작한다.

7) 다세포 생명체가 나누어지고 다양화 된다.

8) 원시식물과 동물들이 바다로부터 이주해 나와서 육지에서 진화한다.

9) 성性적 재생산을 통해 동물과 식물의 다양성 시대가 시작된다.

10) 새로운 생명이 수백만 개의 실험에서 새로이 조합된 DNA에 의해 시작된다.

11) 공룡이 사라지고 포유류와 꽃의 신생대가 시작된다.

12) 6,500백만 년의 준비를 통해 지구가 웅장한 정원을 갖춘 행성으로 변모한다.

13) 의식에 대한 첫 번째 실험은 네안데르탈인의 절멸絶滅로 끝이 난다.

14) 호모 사피엔스는 지구 안에 다른 생명 공동체와의 창조적 공동 존재자로서 살아남는다.

15) 의식의 첫 번째 전개과정은 자연과의 결합이다.

16) 의식의 두 번째 전개과정을 통해 자연 속에서 분리된 영적 세계를 자각한다. 그 세계는 비옥함과 생산적 여신의 세상이며 탄생과 죽음, 재생이 순환되는 세계이다.

17) 의식의 세 번째 전개과정을 통해 서로 경쟁하는 신들의 세상을 자각한다. 수많은 신들이 제 각각 질투와 요구, 예측불허의 인간적 특성을 지닌다.

18) 의식의 네 번째 전개과정을 통해 하나의 위대한 존재의 사슬 속에 자연과 인간, 신적인 세상에서 신성하고 구조화된 관계를 자각한다.

19) 의식의 다섯 번째 과정을 통해 신성한 유일신을 자각한다. 근엄한 입법자로서의 신이며 인간의 존재 사슬에서 분리되

고 자연의 지배권을 갖는다.

20) 의식의 여섯 번째 과정을 통해 사랑과 연민, 정의의 신으로서 신적인 것을 자각한다. 인간은 물질적 세상을 초월하라는 소명을 받는다. 물질과 영이 양극화 된다.

21) 의식의 일곱 번째 전개과정을 통해 변화되는 우주를 자각한다. 둥근 지구가 태양 주위를 돈다. 서구 과학자들이 처음으로 규칙적으로 움직이는 우주를 설명한다. 그것은 신이 우주를 창조한 다음 인간에게 책임을 넘긴 우주이다.

22) 의식의 여덟 번째 전개과정을 통해 모든 신적인 것이 사라지고 세속화된 우주를 자각한다. 인간이 완전히 주도하며 모든 신비는 과학에 의해 설명이 가능하다. 실존적인 의미는 눈으로 확인이 가능할 때만 존재한다. 우주 여정은 특별한 이유 없이 우연히 일어난 사건의 결과이고 본질적 목적이나 방향은 없다.

23) 의식의 아홉 번째 전개과정을 통해 새로운 경험적 이야기를 자각한다. 그 속에서 과학과 신비가 공존하고 서로를 포용한다. 신적인 것이 돌아온다. 인간의 의미와 목적이 돌아온다. 불필요한 자만심이 사라진다. 모든 의식의 수준에는 생명유지에 필수적인 진리가 담겨 있다고 여긴다. 모든 것은 앞으로

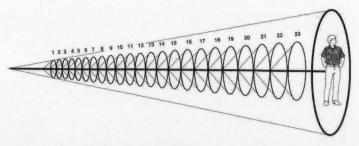

빅뱅에서 자아에 이르기까지 23가지 우주 이야기

전개될 부분에도 드러나며, 그 과정은 지금 새로운 주요 사건에서도 나타나고 미래에도 지속될 것이다.

토마스 베리는 이 이야기를 새로운 패러다임으로 들려주고 싶어 한다. 왜냐하면 우주 이야기가 생태적인 삶을 살도록 촉진하고, 우주공동체와 생명공동체 배후에 현존하는 하느님에 대한 경외심을 일으켜서 인간과 자연과의 관계를 확립하기 위한 정신적 영적 자원들을 불러일으키기 위함이다. 토마스 베리는 마리아 몬테소리의 우주 교육을 인용하면서 다음과 같이 말했다.

"이 진화의 우주의 이야기. 그녀는 놀라운 자료와 함께 얘기했다. 그녀가 산 기간 동안, 그녀는 우주 이야기를 말하는 것이 진화 단계에 있는 기계적인 설명이 되지 않아야 한다는 것을 알았다. 계속되는 우리가 어떻게 얘기를 찾았는지 언급에 의해 중단 돼서는 안 될, 그 이야기는 직접적인 언사로 말해져야만 한다. 심지어는 서사적인 스타일로, 그래서 그녀는 우리에게 말한다. 우주에 있어 어린이들을 흥미 있게 하려면, 우리는 그들에게 그것에 대한 기본적인 사실을 줌으로써 시작하면 안 된다. 그들을 단순히 그 메카니즘을 이해하게 만들기 위해, 하지만 철학적 본성의 더 높은 개념으로 시작된다.

그녀는 출현한 우주의 드라마를 말하려 한다. 바다의 형성, 대륙이 어떻게 존재하게 되었는지. 생물의 기원과 생물권, 그리고 나서 중요한 과도기의 순간이 온다. 인간에게 긴 과도기 - '지구는 기대와 즐거움의 예언으로 떨고 있다. 그녀의 심장은 기쁨의 창, 창조의 공감으로 움직인다. 떨림은 그녀의 외곽과 새로운 흐름을 통한 감정적인 눈물을 지나간다.' 지구가 그 자신을 막 반영할 때쯤 알리는 방법이 얼마나 적합한가. 그 자신을 인간의 지성 모드 내에서 처음 보는 것을. 그리고 그녀는 인간의 출현을 계속하고, 인간 문화 발전의 연속 단계를 계속한다. 마침내 현대 경험적인 과학의 발전과 우리의 유일한 그것의 큰 범위와 전체 변혁의 연속을 계속한다.

그녀가 말하는 것의 즐거움은 집은 짓는 사람이 짓는데 청사진을 따라가는 것이 아니다. 그것은 음악가가 교향곡을 만드는 즐거움에 가깝다. 그림이나 조각을 디자인 하는 예술가의 즐거움에 가깝다. 또는 그녀가 긴 시간 동안 들인 노력에 중요한 시의 라인으로 들어가는 시인으로서의 기대에 가깝다. 시인 괴테가 그의 가장 좋은 작품을 쓸 때, 그의 영적 가이드는 펜을 가져가 작품을 썼다고 한다. 화가가 그의 디자인을 작업하는 것이나 시인이 그의 작품을 쓰는 것이나 음악가가 교향곡을 쓰는 것 모두 그가 하려는 것을 아는 것이 아니다. 그들이 완벽히 무지한 것도 아니다. 그러나 화가와 음악가가 그들이 작업하는 것을 정확히 안다고 하는 쪽에서 - 아름다움의 비전, 몇몇 깊은 인간 경험의 깊이를 표현하는 음악 구절, 감정의 강도, 기대, 영혼의 기쁨의 순간에 출현하는 창조로 흘러들어오는. 이것이 마리아 몬테소리가 인간이 처음 존재할 때 우주의 순간의 기쁨과 무드를 쓸 때 마음에 가졌던 것이다."

장일순은 장대하고 단일한 우주 이야기를 아주 응축하여 다음과 같이 표현한다.

밥 한 그릇

해월 선생이 일찍이 말씀하셨어요.
밥 한 그릇을 알게 되면
세상만사를 다 알게 된다고.
밥 한 그릇이 만들어지려면
거기에 온 우주가 참여해야 한다고.
우주 만물 가운데 어느 것 하나가 빠져도
밥 한 그릇이 만들어질 수 없어요.
밥 한 그릇이 곧 우주라는 얘기지요.
하늘과 땅과 사람이
서로 힘을 합하지 않으면 생겨날 수 없으니
밥알 하나, 티끌 하나에도
대우주의 생명이 깃들어 있는 거지요.

작은 먼지 하나에 우주가 있다.

도道라는 게 어디 따로 있는 게 아니에요.
'일미진중一微塵中에 함시방含十方이라.'
티끌 하나에 시방세계十方世界가 들어 있다는 말을
불가에서 하는데,
우리가 세속이라고 말하는 바로 거기에
도가 들어 있단 말이에요.
예수님이 세속 죄인과 함께하시잖아요?
바로 거기가 천당이거든요.
천당이 어디 따로 있는 것이 아니라

바로 이 세속에 있는 거라.
해월 선생께서
'천지즉부모天地卽父母요 부모즉천지父母卽天地니,
천지부모天地父母는 일체야一體也라.' 하셨는데
지구와 하나 되는 것
우주와 하나 되는 것
천지만물과 하나 되는 것이 바로 그것이지요.

  토마스 베리가 거대한 서사시인 우주 이야기를 기술했다면 장일순은 이 우주 이야기를 구체적으로 살아가는 한살림운동 즉 생활협동조합을 만들었다. 우주 이야기가 토마스 베리의 지적 여정이라면 협동조합운동은 장일순의 현실 속에서 구체화된 여정이라는 큰 차이가 있다. 이 우주 이야기와 협동조합은 생태의식을 진작시키고 이 생태의식을 살아가는 대안적 모형이다.

장일순

  무위당 장일순 선생은 1928년 원주시 평원동에서 태어나 배재고등학교를 나왔으며, 1944년 서울공대 전신인 경성공업전문학교에 입학하였으나 해방 후 미군 대령의 총장취임에 대한 반대투쟁으로 제적되었다.
  1946년 서울대 미학과에 다시 입학하였으나 6·25전쟁 중 통역관으로 활동하다가 제대하여 원주로 내려왔다. 1954년 도산

안창호 선생이 설립한 대성학교의 정신을 이어받고자 대성학원을 설립하고 5년간 대성학원의 이사장을 역임하였다. 1958년 민의원 선거에 무소속으로 출마하여 낙선하였고, 1960년 4·19 혁명 직후 실시된 민의원 선거에 원성군의 윤길중과 함께 원주시 사회대중당으로 출마하여 다시 낙선하였다. 5·16 쿠데타가 일어나자 중립화통일론을 주장하던 혁신정당 인사들과 함께 7년 언도를 받고 3년간 옥고를 치렀다. 출옥 후 다시 대성학원 이사장에 취임하였으나 1965년 대성고등학교 학생들이 전국 최초로 한일굴욕외교 반대 시위를 벌이자 이사장직을 박탈당하였고, 정치정화법과 사회안전법에 묶여 집 앞에 파출소를 세워 철저한 감시를 받게 되자 칩거생활을 하며 포도농사를 짓는 한편 서화書畵의 세계로 찾아들게 된다.

강원도 원주가 지역자치운동의 첫 시발점이 된 것은 장일순이 원주교구의 설정과 함께 주교로 부임한 지학순을 만나게 된 1965년부터이다. 지학순 주교의 평신도 역할과 활동을 중시한 사목방침과 주교좌성당인 원동성당에 다니고 있던 사회운동가 장일순과는 필연적으로 만나게 된다. 만나자 지학순 주교의 사목방침에 따라 본당의 재정자립과 평신도의 역할 강화를 위하여 본당별로 자치위원회를 조직하고, 처음으로 신자들 35명과 출자금 64,190원으로 원주신용협동조합을 1966년 11월 원동성당에서 창립하게 되었다. 이후 두 사람은 70년대 민주화운동과 자립적인 생명공동체운동을 평생 함께한다.

그 이후 문막성당에 문막신협, 단구동성당에 단구신협, 주문진에 주문진신협, 영월에 삼옥신협 등이 조직되었다. 1969년에는 진광학원이 설립되면서 학생들의 협동교육과 강원지역 사회개발을 위한 신협운동의 보급과 조직육성에 설립목적을 둔 부설 협동조합 연구소가 설립되어 협동조합운동이 본격적인 기틀을 갖추게 되었다.

1972년 원주지역 협동조합운동에 중요한 전기가 마련되었다. 하나는 신용협동조합법이 제정되어 합법적인 승인을 받았다는 점이고, 또 하나는 남한강 유역에 집중폭우로 수재민 145,000명이 발생하는 막대한 피해가 발생하여 지역사회운동 차원의 대응이 요구되었다는 점이다. 이를 위해 지학순 주교는 서독으로부터 291만 마르크(약 3억 6천만 원)의 재원을 마련하여 장일순과 함께 재해대책사업위원회를 구성하여 마을 단위의 공동체운동과 자립협동조합운동을 전개한다. 이 사업을 위해 김영주, 김지하, 이우재, 김병태, 정인재, 박재일, 이경국, 박양혁, 홍고광, 장상순 등 수십 명의 젊은 활동가들과 전문가들이 원주로 내려와 결합하게 된다. 이때 만들어진 신협만 농촌과 광산에 46개에 이른다. 원주 캠프로 불리는 이들은 70년대 지학순 주교와 김지하 시인의 구속사건으로 뜨거워진 원주민주화운동의 핵심 역할을 하게 되며, 한국의 신협운동과 협동운동의 초석을 만드는 선구자가 되었다.

한국 가톨릭교회의 생태의식

이들 뒤에는 늘 장일순이 있었다. 장일순은 모든 일을 하면서도 앞에 나서는 법이 없었다. 김지하 시인은 '하는 일 없이 안 하는 일 없으시고, 달통하여 늘 한가하시며 엎드려 머리 숙여 밑으로 밑으로만 기시어 드디어는 한 포기 산 속 난초가 되신 선생님.'이라 표현했다. 장일순은 협동운동이 단순히 생활운동 차원을 넘어선 생명사상 운동으로 전개되어야 한다고 하였다. 1989년 한살림선언에서 볼 수 있듯이 너와 내가 하나 되는 운동, 자연과 내가 하나인 것을 깨닫는 운동, 결과적으로 한 그릇의 밥 속에 온 우주가 있다는 해월 최시형海月 崔時亨, 1827-1898 선생의 생명사상을 깨닫는 것이 무엇보다 중요하다고 하였다.

한살림 운동

첫째, 〈한살림〉은 생명에 대한 우주적 각성이다.
둘째, 〈한살림〉은 자연에 대한 생태적 각성이다.
셋째, 〈한살림〉은 사회에 대한 공동체적 각성이다.
넷째, 〈한살림〉은 새로운 인식, 가치, 양식을 지향하는 '생활문화운동'이다.
다섯째, 〈한살림〉은 생명의 질서를 실현하는 '사회실천활동'이다.
여섯째, 〈한살림〉은 자아실현을 위한 '생활수양운동'이다.
일곱째, 〈한살림〉은 새로운 세상을 창조하는 '생명의 통일활동'이다.

장일순의 생명사상은 '기어라, 모셔라, 함께하라'로 요약해볼 수 있다. 물이 개문류하開門流下하듯 아래로 흘러 밑으로 기어 민중과 함께하라는 것이었다. 특히 선생은 늘 머리 숙여 겸손하라고 당부하였다. 변방에 있는 민중 속에서 지역운동, 협동운동을 지속적으로 잘 유지하려면 주도하는 사람들이 무엇보다 겸

손해야 한다고 제자들에게 강조하였다. 협동운동은 사람과 사람이 함께하는 경제적 결사체이기 때문에 늘 인간적 갈등과 경제적 문제들이 발생한다. 이때 장일순의 말대로 밑으로 기어서 일하지 않으면 수많은 갈등을 해결할 수가 없는 것이다. 또한 장일순은 해월 선생의 모심의 사상을 잊지 않기를 당부하였다. 해월의 경인敬人, 경천敬天, 경물敬物사상을 통해 세상의 모든 것이 온 우주의 선물인 것을 깨달아 잘 모셔야 한다는 것이다. 아무리 작은 나락도 연약한 한 포기 잡초도 모두 우주의 조화로 만들어지기 때문에 모두 잘 모셔야 한다는 것이고, 이런 때 나와 자연이 하나여서 우리의 환경을 살릴 수 있다는 것이다. 그래서 선생은 말년에 호號를 '一粟子(일속자-조 한 알), 一艸(일초-하나의 풀)'로 쓰셨고, 이렇게 밑으로 기고, 모시는 마음으로 서로 연대하여 함께 잘 살아가는 사회를 만들고자 평생 삶으로 실천하신 분이었다.

원주의 협동조합운동은 이처럼 장일순 선생의 생명사상과 지학순 주교의 지역자치운동이 결합 되어 든든한 기반이 되었고 전국으로 확대될 수 있었다. 즉 협동조합운동을 잘 전개시키고자 한다면 무엇보다 중요한 것이 사상적 토대가 있어야 한다는 것이다. 협동운동은 생활을 바꾸는 삶의 운동이어서 정신적 가치관이 정립되지 않으면 결국 실패로 끝날 수 있다.

토마스 베리

토마스 베리는 처음에는 문화사가文化史家로서 출발하였다. 그의 관심이 인간사人間史로부터 우주사宇宙史로 넘어간 것은 필요한 발전이었다. 행성 문명을 싹 틔우게 된 지구가 문명이 발달하는 과정에서 대규모로 손상되는 모습을 발견하고는 인간과 지구사의 향방向方에 대해 관심을 갖지 않을 수 없었을 것이다. 실제로 베리가 브라이언 스윔과 함께 쓴 《우주 이야기》에는 인간사와 지구사의 접목이 드러난다.

베리의 새로운 이야기가 추구하는 목표는 지구를 존중하고, 인간 상호 간에 존중할 수 있도록 우리에게 영적, 정신적 각성을 불러일으키는 것이다. 베리는 역사 해석 방법론을 통해 우주 역사와 인간의 역사를 통찰한 후, 현대의 생태계 위기에 대한 진단을 내리고 미래에 대한 비전과 그 비전을 실현하기 위한 구체적인 방법을 제안한다.

베리는 1951년 미국 가톨릭 대학에서 잠바티스타 비코 Giambattista Vico의 역사 철학에 관한 박사학위 논문을 출판하였다. 비코의 사상은 베리에게 아주 중요한 영향을 미쳤다. 비코의 영향을 받은 베리는 시대 구분에 의한 포괄적 역사 전망, 현대의 야만주의에 대한 이해, 문화적 병리와 소외감으로부터 우리를 구출하기 위한 새로운 이야기를 전개했다.

베리는 인간사를 ①종족적인 주술적 시기, ②전통적인 문명적 시기, ③과학적인 기술적 시기, ④생태학적 시기, 즉 생태대로 구분하고, 21세기는 과학 기술적 시기에서 생태대로 옮겨가는 새로운 '출애굽 시기'라고 명명하였다. 지구에 대한 인간의 맹목적이고 기술적인 파괴, 사회 문화적 자폐, 소외와 병리들로부터 우리 자신을 구하고 지속가능한 미래를 창조하려면 새로운 우주 이야기가 필요하다고 역설한다.

모든 실재 속에서 하느님의 현존을 감지해 내는 종교적 감성과 현대의 물리적 발전을 담아 우주 역사를 해석하는 우주 이야기만이 인류가 신생대에서 생태대로 나아가기 위하여 필요한 가치를 제공할 것이라는 것이 베리의 주장이다.

베리는 '우주 이야기'에서 처음으로 태양계와 지구의 진화, 인간과 인간 사회 및 문화의 진화를 함께 서술한다. 무엇을 정의하거나 구체적으로 규명하는 대신에 공통적인 창조이야기를 들려준다. 자아반성이라는 새로운 시대, 베리가 '생태적 시대', '생태대'라고 표현한, 바로 이 시대에 대해 이야기한다.

베리가 제안하는 새로운 우주 이야기는 우주와 인간에 대한 단순한 이야기가 아니라 생태대 실현을 위한 비전이다. 새로운 이야기가 주는 전망의 핵심은 심오한 우주적 원리를 불러옴으로써 사회 정의 문제나 폭넓은 생태적인 관심사들을 함께 묶어 치유하고 지속가능한 미래를 창조할 수 있다는 것이다. 베리는 새로운 이야기로 현대의 위기 상황을 극복하고 생동감 있고 지속가능한 미래를 창조하는데 필요한 에너지를 불러오기를 바란다. 우리는 베리의 바람대로 새로운 우주 이야기에 귀 기울임으로써 경제적이고 지속 가능한 생태환경 기반을 조성할 수 있을 것이다.

'새로운 이야기'라는 자신의 개념을 형성하면서 베리는 떼이야르의 사상에 많은 영향을 받았다. 특히 베리는 떼이야르로부터 발달 단계의 시간에 대해서 깊은 영향을 받는다. 발달단계의 시간에 관하여 떼이야르는 진화에 대한 전체적인 전망이 우주 안에서의 인간에 대한 이해를 변화시킨다고 시사했다. 베리가 자주 인용하듯이, 찰스 다윈의 '종의 기원'(1895년) 이래로 우리는 우주를 정지된 것이 아니라 진행 중이며 발전하는 것으로 인식하게 되었다. 진화론은 거대한 지질학적 시간 범위 안에서 우주의 전개와 지구의 변화를 다시 자리 매기는 독특한 사고의 소재를 제공하며, 연속된 진화의 과정에서 우리의 특별한 책임성을 이해할 필요가 있다는 것을 반성하게 한다.

떼이야르와 베리에게 있어서 진화에 대한 전망은 다른 생명 형태와 연관된 인간 현상을 이해하는 가장 포괄적인 상황을 제공한다. 베리에게 있어서 인간은 진화 과정에 있는 여러 종種들 중 한 종種이다. 어떤 생명 형태는 살아남을 것이고, 어떤 생명 형태는 절멸할 것이다. 우리는 종種들의 절멸이 시시각각으로 결정되며, 종種들의 생존이 촌각을 다툰다는 사실을 각성하는 중대한 시기에 도달해 있다. 우리가 생명 형태의 출현과 돌이킬 수 없는 멸망이라는 연속적 발달 단계의 한 과정에 이르렀음과 우리의 역할이 무엇인지를 의식하게 된다면 우리는 공동 창조자가 될 것이다.

베리는 그리스도교 공동체뿐만 아니라 그리스도교 공동체를 넘어서도록, 종교적 경계와 국가적인 경계를 초월하고 지구 공동체의 출현을 위해서 공통된 근거를 창조하는데 도움이 되도록 자신의 신학적인 이야기가 배타적으로 전개되는 것을 경계했다. 환경 파괴와 생태계 위기가 국가·민족·종교를 초월하는 전 지구적·우주적 문제라고 한다면 타 종교에 대한 베리의 개방적 태도는 동양 종교들과 여러 토착 종교들이 인류 공통의 과제를 인식할 여지와 그 극복을 위해 협력할 기회를 주는 매우 유연성 있는 태도라고 할 것이다.

베리는 계시 과정에서 서로 다른 분화가 있을 수 있음을 인정한다. 나아가 하느님이 여러 종교들 안에서 다양하게 계시되는 것은 하느님의 완성을 위하여 필요하기 때문이며, 종교와 과학의 상호 만남을 통하여 계시의 온전성에 도달할 수 있다고 주장한다. 베리에 의하면 우주 생성 과정에 대한 현대 물리학의 연구결과도 계시라는 것이다. 베리는 종교가 다양한 만큼 과학이 초종교적 비전을 제공해 줄 수 있다고 본다.

위대한 과업

토마스 베리는 우리 시대에 이루어야 할 과업을 "인간의 지구 황폐화시대로부터 인간과 지구가 상호 유익했던 이전 시대로 가치 전환을 하는 것이 바로 우리가 해야 할 위대한 과업이다."

라고 표현하고 있다. 토마스 베리는 이러한 역사적 변동을 6천 7백만 년 전, 공룡이 멸종하고 새로운 생물학적 시대가 시작한 시기에 발생했던 지구생물학적 변천기 이래 유래 없이 큰 규모의 변천이 아닐 수 없다고 진단하고 현재 지구의 생물학적 구조와 기능은 대혼란기를 맞이하고 있다고 주장한다. 그래서 미래 세대를 위해 우리가 장만해야 할 가장 중요한 유산은 지구의 황폐화를 막을 계획을 바꿔 놓을 위대한 과업에 대한 깨달음이라고 말하면서 이 과업은 누구도 예외가 될 수 없으며 선택사항이 아니라 우리에게 주어진 역사적 과제라고 표명하는 것이다. 위대한 과업의 성취는 변화를 향한 인간의 의지와 헌신에 달려있다. 인간 역사상 가장 어려운 임무이지만, 과업의 성취는 거대한 사건보다는 조그만 일에서부터 시작된다. 그러므로 개인의 일이 위대한 과업과 직결된다. 베리가 말한 것처럼, "한 사람의 위대한 과업은 모든 사람들의 일이다. 그 누구도 제외되지 않는다. 우리 각자에게는 개개인의 생활양식과 책임이 있다. 그러나 개인의 작업을 통해서 위대한 과업을 돕는다."

위대한 과업을 성취하기 위해 베리가 말한 4대 사회 시스템의 비판과 4겹 지혜, 7대 제안에 대해 살펴 본다.

"종교는 너무 경건하기만 하고 기업은 너무 약탈적이기만 하며, 정부는 너무 수동적이기만 해서 충분한 개선책을 제공하지 못하고, 대학은 쇠퇴하는 신생대에서 일시적으로 살아남기 위해 학생을 훈련시키고 있다."

토마스 베리는 지구 황폐화의 가장 중요한 원인은 인간과 인간이 아닌 것 사이에 불연속성에 의거해 이해한 결과에서 찾고 있다. 인간에게만 모든 가치가 부여되고 인간이 아닌 것은 오직 인간에 의한 개발대상으로 가치를 인정받게 된다는 것이다. 토마스 베리는 인간과 인간이 아닌 것 사이의 불연속성을 더 강화하고 전념하는 네 가지 사회 시스템이 경제, 정치, 교육 그리고 종교라고 비판한다. 인간에게는 새로운 경제 시스템이 필요하다. 현재의 시스템이 자연세계의 지속가능성을 고려하지 않았기 때문이고, 자연세상에서 '적자'가 발생하면 인간의 존재가 위험에 처하게 될 것이기 때문이다. 그러므로 "인간 경제는 지구 공동체와 통합되어야 하고 지구의 통합성을 보존하는 것이 경제 프로그램의 제 1목적이 되어야 한다."고 주장한다.

베리는 정치가 통합적 공동체가 아닌 인간의 복지에만 중점을 둔다고 비판한다. 그러므로 새로운 정치 제도는 지구에 흩어진 다양한 생명 시스템을 포함해야 하고 인간 이외의 요소가 지닌 권리를 고려해야 한다. 그가 말한 것처럼, "우리에게는 국제연합만이 아니라 種의 연합이 필요하다. 다시 말해서, 새로운 정치제도는 제한된 민주주의로부터 좀 더 포괄적인 생명주의(biocracy)로 이동해야만 한다."는 것이다. 베리는 현재의 종교들이 인간의 구원과정에 중점을 두며, 자연계가 하느님이 자신을 드러내 보이는 가장 으뜸이 되는 계시임을 더욱 효과적으로 가르치지 못하는 한계를 드러내고 있다고 주장한다. 또한 단순히 말로써만 계시를 전하고 자연계에 드러나는 신성의 현시를 간과하는 것은 하느님의 계시를 왜곡하는 것이라고 비판한다. 그러한 관점에서 그는 종교가 자연 속에 새로이 드러난 경험을 감지할 필요가 있고, 생명파괴나 종족 학살처럼 행성적 차원에서의 문제를 다루기 위한 새로운 윤리적 원리를 개발할 필요가 있다고 주장한다. 또한 베리는 모든 종교를 위한 포괄적 맥락을 지니고 행성 전체 공동체를 아우르는 메타-종교의 필요성을 제안한다.

토마스 베리는 사회제도 비판과 함께 패러다임도 제시하였다. 이른바 4겹 지혜의 패러다임이다. '21세기를 여는 지금, 인간 공동체는 자연과의 관계를 회복하고 미래로 나가는데 4겹의 지혜를 이용해야 한다. 4겹의 지혜는 원주민의 지혜, 여성의 지혜, 고전적 전통의 지혜 그리고 과학의 지혜를 말한다.'

첫째, 원주민의 지혜는 자연과의 친밀함과 자연세계 기능에의 참여를 보여준다. 원주민들은 자연 현상 뒤에 숨은 우주의 힘을 감지하고 자연의 리듬과 분위기를 이해하는 고대의 지식을 보유하고 있다. 그 지혜는 그들의 문화와 노래, 예술, 이야기, 종교의식에서 찾아볼 수 있고 우리에게 다른 관점에서부터 현대 문명을 재조명할 기회를 제공한다.

둘째, 여성의 지혜는 몸에 대한 지식을 마음에 대한 지식과 연결시키고, 정신을 영에, 이성을 직관에, 지적 분석을 감각적 의식에, 고립을 친밀성에, 객관적 거리를 주관적 현존에 연결시킨다. 그러므로 연결의 원형으로 작용하는 이 지혜는 분리된 기능을 이어주고 다양한 구성요소들의 상호의존성을 보여주는 데에 기여한다. 베리는 서구의 남성중심주의와 가부장 제도를 비판하고 생태여성주의를 옹호한다.

가부장 제도

역사의 새로운 해석에서 이 단계들은 모계 중심적 시대, 부계 중심적 시대, 그리고 전체 중심적 시대라고 부른다. 생태 시대는 전체 중심적 시대, 생태여성주의 시대라고도 부른다.

셋째, 고전적 전통의 지혜는 가시적인 세계와 우리 자신을 충족시키기 위해 인간의 역량을 초월하는 영적인 차원의 계시적 경험에 근거를 두고 있다. 베리는 인도의 힌두교, 고타마 부타, 유대교, 그리스도교, 그리스의 인문주의적 전통, 중국의 도교, 장자, 이로쿼이의 인디언, 아리스토텔레스와 토마스 아퀴나스, 성 프란치스코, 캄보디아의 앙코르와트, 이집트의 피라미드, 고딕식 성당, 중미 대륙의 마야족, 로마의 포럼, 중세의 대학 등을 실례로 든다.

넷째, 서구 과학의 지혜는 바로 21세기 초 우주가 장대한 시간을 거쳐 연쇄적인 진화를 통해 탄생했다는 사실을 발견한 데 있다. 토마스 베리는 단 하나뿐인 서사시이고 이야기인 '우주 이야기'를 호머의 오디세이, 인도의 마하바라타와 라마야나, 독일의 비벨룽겐리드의 서사와 유사하다고 말한다. 진화의 서사인 우주 이야기는 개별적으로 그리고 인간 공동체로서 곧 우리의 이야기라고 말한다.

베리에게 있어서 모든 지혜는 위대한 과업의 성취를 위해 에너지와 영감, 지침을 제공하고 생태적 지혜로 발전할 수 있다. 네 가지 지혜 중 하나에 속하는 그리스도교는 원주민이 지닌 통합적 지혜, 여성이 지닌 엄청난 포용성, 진화하는 우주에 대한 새로운 과학적 발견과 더불어 그리스도교의 생태적 방향을 발전시킬 수 있다.

토마스 베리의 7대 위대한 과업은 우리 시대의 역사적 사명은 종의 차원에서 인간을 재창조하는 것이다. 이것은 공유된 역사와 희망의 경험을 바탕으로, 그리고 생명체계의 공동체 의식 안에서, 비판적 반성을 통해 인간을 재창조하는 것이다.

인간의 재창조

그 어느 생물체보다도 인간은 자기 자신을 형성하는 존재이다. 다른 종들은 그들이 기본적인 생명구조를 타고 난다. 특정의 종들, 그 중에서도 특히 포유동물은 나이 많은 세대들로 부터 얼마간의 훈련을 받아야 한다. 그러나 인간이 성숙에 도달하기까지 받아야 하는 교육과 문화적 전통의 규모에 비한다면 그것은 극히 미미한 것이다. 이것이 바로 인간이 장기적인 아동기를 가진 이유이다.

種의 차원에서

우리가 우려하고 있는 지구 황폐화의 문제는 개인적으로나 집단적으로 우리의 현대 문화전통의 능력을 벗어나 있는 것으로 보인다. 우리에게 필요한 것은 기존의 전통을 뛰어넘어, 가장 근본적인 인간차원으로 우리를 되돌려 놓을 수 있는 어떤 것이 필요한 시점이다. 인간은 문화적으로 막다른 골목에 이르렀다. 새로운 문화 코드가 필요하다. 이러한 새 코드는 지구를 인간의 역학에 대치하는 것이라기 보다, 지구의 역학 안에 인간을 자리 잡게 하는 것이다. 우리의 유전 코드는 보다 더 큰 지구공동체 즉 결국에 가서는 우주공동체로부터 비롯된 것이다. 종의 차원에서 인간의 모든 면을 재창조할 필요가 있다.

비판적 반성으로

인간의 재창조는 비판적 반성으로 이루어져야 한다. 인간의 욕구에 대한 재창조는 비판적 관점에서 다뤄져야 하기 때문이다. 우리의 과학적 지식과 과학적 능력들이 자연을 지배하지 않도록 해야 할 뿐 아니라 자연계의 조화와 일관성이 있어야 하기 때문에 비판적 반성으로 봐야 한다.

생명체계의 공동체 의식 안에서

이것은 인간 재창조에 있어서 가장 중요한 요건이다. 인간은 지구의 다른 존재들에게 별개인 추가물이다 침입자가 아니다.

인간이 다른 비인간들 사이에서 별난 존재로 혹은 초월된 존재로, 분리된 존재로 이해한다면 통합된 지구 공동체의 문제를 볼 수가 없다. 우리의 미래는 의식주나 건강뿐 아니라 심미적, 정서적, 지적, 거룩한 것에 대한 감각까지도 더 큰 공동체의 미래와 분리될 수 없다는 사실이다. 인간이 먼저가 아니라 지구 안에 인간이 존재하는 것이다.

시간-발달적 맥락 안에서

우리는 거꾸로 갈 수 없는 등장과정을 드러내 보여 주고 있다. 우리는 더 이상 플라톤적인 세상이나 계절적 재생으로 시간을 경험할 수 없다. 우리는 우주에 살고 있기보다 우주의 기원 속에 살고 있다. 말하자면 우주는 덜 복잡한 것에서 보다 복잡한 코드로, 보다 약한 의식에서 강한 의식으로 나아가는, 다시 뒤로 돌아갈 수 없는 변천의 과정이기 때문이다. '우리는 누구이며 우리의 역할이 무엇인가'에 대한 의식은 '우주가 어디서 시작되었는가'에서부터 시작되어야 한다. 인간은 우주의 기본적 3원리 즉 분화, 주체성, 친교에 의해서 형성되었는데 지금 우리의 문화는 이 3원리를 모두 위반하고 획일성과 표준화로 나아갔다.

우주 이야기를 통해서

토마스 베리는 우주 이야기를 강조한다. 지금은 과거의 이야기와 아직 발효되지 못한 이야기 속에 있다고 말한 적이 있다. 그러나 이 우주 이야기는 우리에게 방향을 제시해 주고 에너지를 줄 뿐 아니라 인간만이 아니라 모든 생명체계를 위한 가장 가치 있는 자원이다. 은하계의 팽창, 지구의 형성, 생명의 출현, 우주의 의식과 같은 재귀적 이야기를 통해, 인간의 인식이 의식의 공간적 양식에 의해 지배되던 초기에 신비한 이야기를 우리 시대에도 실현할 수 있다. 우리 시대의 비극은 이 이야기가 무효로 되고 있다는 사실이다. 거의 40억 년 전 최초의 생명이 시작된 이후 생명의 풍부함과 다양성이 거의 소멸의 위기에 처해 있다는 사실이다.

공유하는 꿈의 경험

미래를 살아가는 원동력이 되는 비전이나 꿈이 무엇인가에 대한 것이다. 우리는 파괴된 현실에 대한 두려움도 있다. 황금알을 낳는 거위를 소유하려는 인간의 욕망 때문에 지구를 파괴하고 폭력을 행하는 실정이다. 쓰레기와 소비에 대한 광적 열광은 심각한 문화적 방향 상실임에 분명하다. 그 심원한 문화적 치료는 무엇일까? 토마스 베리는 인간이 어떤 종류의 위기에 봉착하였을 때 그 위기를 헤쳐 나갈 수 있는 정신적 에너지를 얻게 되는 길은 두 가지라고 말한다. 그 하나는 공포이며 다른 하나는 매혹을 느낌으로써 가능하다고 말했다. 그러므로 우리는 우리들이 직면하고 있는 생태계 파괴의 공포를 분명하게 체험할 뿐 아니라 생태대라는 새로운 시대에 대한 매혹도 확실하게 느낄 필요가 있다고 강조한다. 지구의 꿈에 동참하여 그 꿈이 우리들을 안내하게 될 것이라고 말한다.

이 순간, 지구의 진행 과정의 웅대하고 신성한 특징을 자각하는 새로운 계시적 경험이 요청된다. 이는 지구의 꿈에 인간이 참여하는 것이다.

90년대 초반 시민운동의 한 네트워크로
푸른평화운동이 자리 잡게 되었다.
왜냐하면 신앙도 시대의 상처, 문제 그리고
민족의 아픔을 해결하려는 투신이 필요하기 때문이다.
신앙은 시대의 문제에 대한 다른 비전이고 출구이다.
한마디로 푸른평화운동은
생태학적 정의를 실천하려는 운동이다.
정의 없이는 평화가 가능할 수 없다.

한국
가톨릭교회의
생태의식

2 장
한국 가톨릭교회
생태의식의 실천과 평가

고구별
생태의식과 실천

한국사회에서 환경운동이 본격화된 것은 1978년 전남 여수국 가공단에서 유해 화학물질로 인한 농작물 피해가 나타나자 그 해 낙포리 주민을 중심으로 공해대책위원회가 결성된 데에서 비롯되었다. 1982년 가톨릭 및 개신교, 정호경 신부와 평신도 가 함께 참여한 '한국공해문제연구소'가 발족되었다. 그리고 1988년에 기존의 환경단체와 결합하여 새롭게 창립한 '공해추 방운동연합'이 1980년대 가장 중요한 역할을 하였다. 주로 이 단체들은 공해산업의 피해를 드러내고 보상을 요구하는 피해 상담과 '반공해운동'으로 전개되면서 민주화의 과정으로 행동 하였다는 점에서 특징적이라고 볼 수 있다.

황종렬은 그의 저서 《가톨릭교회와 생태복음화》에서 생태운동의 역사를 1960년대부터 시작한 우리농촌살리기운동과 1970년의 원주교구의 농민사목 그리고 80년대의 원주교구의 사회사업국의 유기농업운동과 생활협동조합의 비전, 무엇보다도 1985년 무점포 소비자협동조합인 '밝음 수퍼마켓'과 1986년 '한살림농산', '밝음신협'에 이르기까지 1980년대의 생태운동이 긴밀하게 연결되어 있음을 우리에게 제시하고 있다.

가톨릭교회의 생태 문화 사목은 교황 요한 바오로 2세가 1990년 1월 1일, 세계 평화의 날 메시지 '창조주이신 하느님과 평화, 창조물과의 평화'란 담화에서 촉발되어 시작되었다고 볼 수 있다. 이 담화문이 발표된 지 20주 년을 맞으면서 교황 베네딕도 16세는 창조물을 보호하라는 절박한 기도의 호소가 2010년 담화에서 다시 재확인된다. 더 나아가서 이 20년(1990-2010)은 한국과 한국 가톨릭교회가 생태적 자각과 어떻게 살아왔는지에 대한 회심回心이 맞물려있는 시기이다.

공식적으로 한국 가톨릭 생태운동은 1989년 7월 14일에 주교회의 정의평화위원회에서 환경문제 강연회를 열고 공해 문제 전문가 세미나를 개최, 8월 10일에는 정의평화위원회 제18차 정기총회에서 환경 문제를 주요 의안으로 채택하였다. 같은 해 10월 4일에서 8일까지 서울에서 제44차 세계성체대회가 개최되었다. 이에 서울대교구에서 '한마음 한몸' 운동을 전개하면서

운동의 생활실천부에서 환경문제에 관심을 서서히 갖기 시작했다.

88올림픽 이후 80년대 한국 정치 민주화의 흐름 속에서 1990년 서울대교구 이재돈 신부와 가톨릭 농민회의 김승오 신부 등을 중심으로 시대 상황 속에서 요청되었던 생태문제를 사목 비전에 통합하고자 하는 관심이 가시화되었다. 서울대교구 한마음한몸운동본부의 산하단체인 '하늘땅물벗' 운동과 1991년 가톨릭 농민회의 '우리밀 살리기' 운동이 태동되었다. 이와 함께 대구대교구의 필자가 시작한 생태운동인 '푸른평화운동' 이 1990년 지구의 날, 서울 남산에서 '한국 천주교 정의 평화 위원회', '천주교 평신도 사도직 협의회', '공해 추방 운동 연합' 등과 공동으로 초종교적, 초교구적으로 추진되면서 한국 가톨릭 생태운동의 분위기가 서서히 가속화 되었다. 이 움직임은 대구대교구 '푸른평화' 와 서울대교구 '하늘땅물벗' 이 연대하기 시작하여 서울 명동성당에서 열린 제1회 '푸르름을 만드는 잔치' 에 공동으로 참여하면서 한국 천주교회안에 '생태 복음화' 의 자각을 싹틔운 것이다.

이러한 1990년대 초반의 시대적 흐름을 타고 서울대교구에서는 1994년 한마음한몸생활실천부 산하에서 '환경보전부'를 따로 독립하여 전문위원회를 두었고, 같은 해 대구대교구에서는

'가정·생명·환경 담당'을 두고 환경전담 신부를 임명하게 된 것이다. 서울대교구는 이재돈 신부, 대구대교구는 필자가 한국 가톨릭교회 역사상 처음으로 환경전담 신부를 맡게 되어 예언자적 생태비전을 수행하기 시작하였다. 특히 1991년 3월 우리나라 생태운동의 결정적인 촉발 계기가 된 낙동강 페놀 사건이 한국 사회에 엄청난 파장을 일으키면서, 교회 안에서도 합성세제를 추방하고 강과 물을 살리는 폐식용유를 재활용하는 저공해비누만들기운동이 전교구적으로 일어나는 결정적인 계기를 가져왔다.

이런 교회 안팎의 사목적·사회적·시대적 분위기 속에서 1993년 7월에는 처음으로 '환경사제모임'을 발족하였다. 서울대교구와 원주교구를 비롯한 전국 각 교구에 소속된 환경사제들은 이 자발적인 모임에서 교회 안에 보다 효율적인 환경운동 여건을

환경사제모임

춘천교구는 최원석 신부, 서울대교구 이재돈 신부, 원주교구 김승오 신부, 부산교구 조욱종 신부, 대구대교구 정홍규 신부와 전현호 신부, 광주교구 이영선 신부, 인천교구 유영훈 신부, 안동교구 김학록 신부가 참여하였다.

조성하고 교회 내부의 환경단체 간의 유기적인 협조체제를 구축하기 위해 환경사제모임을 매월 정례화하기로 결정했다. 1997년 제25회 세계 환경의 날인 6월 5일부터 주교회의 정의평화위원회 주교 이름으로 '환경의 날 담화문'을 발표하기 시작하였다.

환경사제모임은 1998년 7월 '전국환경사제모임'으로 확대·

개편되었는데, 그 당시 함께 동참한 환경사제들은 교회 안에 기존의 '대응식 접근' 환경활동과 사회 이슈에 대한 '조건 반사식' 운동, '이벤트성 투쟁활동'에 대하여 비판적 인식을 같이 하게 되었다. 그리고 교회 안에 운동을 담을 수 있는 이론적 구조인 '생태윤리'와 '생태신학'을 정립해야 한다는 내부주체들에 대한 비판이 수면 위로 떠오르기 시작하였다.

교회 안에 환경운동이 일반 사회운동의 환경운동과 무엇이 같고 다른지, 가톨릭 생태운동의 정체성은 무엇인지, 몇몇 환경단체나 소수의 카리스마를 가진 환경 지도자 중심으로 움직임에 의한 갖가지 운동이나 대안들이 본당 현장에서 접속되지 않고 그리고 본당생활공동체와 유리되는 문제의 해결 방안은 무엇인가 하는 지속되는 물음을 가지게 되었던 것이다. 그래서 전국 환경사제모임에서 환경신학과 생태영성 그리고 본당의 녹화綠化를 위한 사목적 프로그램을 연구하게 된 계기도 그 당시 시대적 분위기 속에서 흐르는 가톨릭 환경운동과 본당 사목현장 사이에 존재하는 괴리에서 비롯되었다.

그러나 또 다른 장場에서는 가톨릭교회를 중심으로 생태의식이 부단히 실행되고 있었다. 2000년 10월 25일, 천주교 서울대교구 환경사목위원회가 창립되었고, 2001년 8월 18일에 주교회의 차원에서 정의평화위원회 안에 '환경소위원회'를 설립하였고, 가톨릭 내의 환경운동단체들의 네트워크 형성인 '천주교환경연대'를 비로소 2002년 6월에 결성하였다. 2002년 12월에 부산에서 한국생태유아학회가 처음 만들어졌다. 그 이듬해 대구에서 이 학회가 태동되었지만 한국 가톨릭교회에서는 서울대교구 환경사목위원회를 제외하고는 아직까지 생태와 유아 그리고 교육과 영성을 통합하지 못하고 있는 실정이다.

2003년 주교회의 정의평화위원회 환경소위원회의 새만금 갯벌에 대한 성명서, 2007년 주교회의 정의평화위원회에서 세계 평화의 섬 제주도에 대한 성명서, 2010년 주교단 입장 표명 '생명문제와 4대강 사업에 대하여', 2010년 환경에 대한 한국천주교 주교회의 지침서가 드디어 나왔다.

한국천주교 주교회의 지침서
– 창조질서 회복을 위한 우리의 책임과 실천

한국천주교 주교회의 정의평화위원회 환경소위원회에서 편찬하였으며 일종의 환경에 대한 한국 천주교 주교회의 지침서이다. 늦은 감이 있지만 우리나라의 생태계 위기, 창조질서와 인간의 책임, 책임 있는 실천을 위한 제언으로 구성되어 있다.

2011년 왜관 베네딕도 수도원에서 고엽제문제로 천주교 대구대교구가 연대차원에서 처음으로 대사회적인 성명서를 발표하였고, 2011년 10월 10일 제주도 강정마을을 중심으로 해군기지 반대운동에 가톨릭 안에 생태운동단체들이 결집하여 '제주 해군기지 반대 천주교 연대'를 출범시켰으며, 아직도 큰 문제로 남아있는 4대강 사업에 대한 도덕적 견제로 남양주 두물머리에서는 매일 생명평화미사를 봉헌하기도 하였다. 최근에는 밀양 송전탑 문제에 대해서 연대투쟁을 하고 있다.

이렇듯 각 교구마다 시대적 사안이나 환경문제가 발생할 때 그때그때 정치적으로 혹은 시민운동과 연대를 통하여 복음화의 지평을 넓혀왔으며 이 과정에서 우리의 생태 운동이 더 심화되고, 또 다른 한편 환경의 경제적 문화적 정치적 사회적 차원을 더 자각하는 기회가 됨은 분명한 사실이다. 우리밀운동과 동강이나 새만금, 반핵평화운동, 4대강과 제주도 강정마을 살리기 등에서 생태운동의 종교적 차원이 간과될 수 없는 중요한 연대 체험으로 인식된 것 역시 확실하다. 그러나 분명한 것은 20년 동안 인간이 자연 세계에 심각하게 발생시켜 온 황폐화에서 지구를 보호하기 위한 교회의 녹화가 한국천주교회 전체와 지역교구와 본당 그리고 수도원에서 아직은 두드러지게 나타나지 않고 있는 실정이다.

생명문제와 4대강 사업에 대한 주교단의 입장 표명도 메가톤급이지만 구조가 인간생명과 환경생명을 2층 구조로 두고 입장을 이야기하고 있다. 생명인식의 틀이 부분적인 접근과 이원화에서 통합적인 접근과 전체를 보는 틀로 바뀌어야 함을 보여준다. 하느님-창조물-인간-사회를 아우르는 통합적 발전관·평화관이 개인적인 차원에서 공동체적인 차원으로 정의와 평화 그리고 창조질서 보전이 한 통임을 가르치는 성명서나 사목교서 그리고 주교단의 담화문이 나와야 한다. 그러기 위해서는 주교회의 차원에서, 교구차원에서, 생명을 담지하는 큰 틀에서 통합적으로 연구하는 기관이 운영되어야 하고, 생명단체 따로 환경단체 따로가 아니라 연대와 협업 그리고 인식 공유 작업이 이뤄져야 할 것이다. 떼이야르가 그의 저서《인간 현상》에서 지적하였듯이 큰 틀이 우주적 그리스도와 토마스 베리의 우주 이야기를 통해 생명의 단일성에 대한 연결성을 가지고 이 분리가 극복되어야 할 것이다.

　각 교구별로 생태활동에 대해 알아보기 전에 한국 천주교회 주교회의에 나온 성명서와 1990년~2009년 사목교서의 인간 생명과 자연생명에 대한 주요 내용과 생명 관련 담화문 및 주교단 성명서를 살펴보면 우리 교회가 생태의식과 생태운동을 어떻게 이해하고 있으며 어떤 세부적인 지침을 제시했나를 알 수 있다. 주교단 성명서를 보면 생태에 관한 성명서는 두 번뿐이고 나머지는 모두 인간 생명에 관한 성명서이다. 1990년 발표된 '오늘의 사회 현실을 우려하는 우리의 호소' 성명서는 오늘날 환경 보전과 공해 추방은 신자들의 신앙심과 더불어 정의와 평화의 관점에서 이해하고 펴나가야 한다고 강조했다. 2003년에는 새만금 방조제 사업과 관련한 환경 성명서를 발표해 갯벌을 막아 용지 확보와 담수화작업을 하겠다는 시화호가 실패로 돌아갔듯이 새만금 방조제 공사 역시 성공적 결과를 기대할 수 없다며 갯벌을 살리자고 호소했다. 그러나 생명윤리 문제에 대한 반 생명적 사회 분위기를 지적하였지만 효과적인 방안이 없었다. 교회는 인간 생명과 환경 생명을 이원화시키고 있다.

사목교서 역시 20년 동안 늘 낙태반대, 모자 보건법 폐지운동, 사형제 반대운동, 혼인교육, 청소년 성교육, 배란법 등을 계속해서 이야기하고 있다. 서울대교구는 1990년에서 2009년까지 14년 동안 인간 생명에 관해서 언급했지만 환경생명에 관한 언급은 고작 4년이다. 안동교구만이 유일하게 인간생명보다 환경생명에 대한 언급이 많았다. 사목교서에서 두드러진 점은 공통적으로 인간 생명이 우선이라는 점이다. 이것은 우리 교회가 인간중심주의 윤리관임을 말해 준다. 1990년도부터 로마 교황청에서부터 변한 가톨릭 생태의식을 우리 한국 교회가 읽지 못함을 단적으로 보여 준다. 특히 1990년대와는 달리 2000년 이후 인간생명문제에 대한 담당주교 성명이 눈에 띄게 늘어났지만 해를 거듭함에 따라 심도 깊게 들어가지 못하고 신자들 입장에서는 같은 내용을 반복하고 있다는 인상을 받는다. 교황 요한 바오로 2세와 교황 베네딕도 16세의 통합적인 평화 생태관과는 너무 동떨어진 성명서이다.

각 교구별 생태 사목과 실천에 대한 사례는 아래와 같다.

서울대교구

하늘땅물벗

서울대교구에서는 '한마음한몸운동본부' 내의 활동과제로 환경운동을 채택하고 환경보전과 검소한 생활, 나눔 및 자원 재활용, 도농직거래운동 등을 역점사업으로 전개하였다. 운동본부에서 활동하던 신자들, 수도자들, 성직자들이 각 본당에 환경운동단체를 정착시키기 위해 만든 '하늘땅물벗'은 환경문제에 대한 모색을 시작하며 운동을 전개해 나갔다.

초기 운동은 주로 교육과 캠페인이었다. 운동본부는 천주교 환경학교, 어린이와 청소년을 위한 자연학교, 푸르름을 만드는 잔치, 어린이 환경포스터 그리기 대회, 천주교 환경상 제정, 소공동체 교재, 우리밀 잔치, 공청회, 초청강연회 등으로 교회 안에 환경운동의 분위기를 고취시켰으며, 환경교육의 내실화, 환경운동의 정착 및 확산, 타 단체와의 연대를 위해 적극적인 활동을 벌여 왔다.

환경사목위원회

생활실천부에서 이루어지던 환경운동은 1994년 환경보전부가 신설되어 활동의 폭을 넓히게 되었으며, 1991년에 결성된 하늘땅물벗 모임을 해체하는 대신에 환경 분야에서 전문적으로 활동할 독립부서가 필요함을 절감한 서울대교구는 한마음한몸운동본부에서 환경보전부를 분리하여 2000년 10월에 '환경사목위원회'를 출범시켰다. 그리고 교육 및 연구 활동 실천 운동을 중심으로 전문 영역별 활동을 강화하며 '즐거운 불편운동' 등 다양한 활동을 펼쳐왔다.

또한 독립적으로 전개되었던 우리농촌살리기운동과 2004년 내부통합을 추진하여 교회의 생명환경운동의 추진 주체가 되었다. 환경사목위원회의 설립목적은 가톨릭 신자들이 창조영성을 삶 안에서 실천함으로써 '생태사도직으로 증거하는 그리스도의 제자'가 되게 하려는 데 있으며 교육활동, 기획연구, 조사연구, 조직활동, 주요 행사활동, 홍보출판, 도농협력분과 위원회와 연대한 우리농 물류사업 분야로

나누어 활동하고 있다. 환경사목위원회는 세부적이고 장기적 계획을 통해 조직적인 활동을 펼치고 있다.

우리농운동본부

1993년 WTO(세계무역기구), UR(우루과이라운드) 농산물 협상의 타결을 앞두고 쌀 개방 문제를 중심으로 농업보호에 대한 범국민적인 공감대가 형성되면서 우리 교회는 1994년 춘계 주교회의를 통해 '농민들의 어려운 처지에 공감하여 우리 농민과 농토 및 농업을 살리는 일을 지원하기로 하였다. 주교회의는 지원방안의 하나로 가톨릭농민회를 중심으로 전개되고 있는 우리농산물 직매장 설치에 각 교구별로 적극 협조하기로 결정'하면서

우리농촌살리기운동

도시와 농촌이 함께 살고 더불어 살며 모두를 살리는 도·농생명공동체 운동으로 위기에 처한 우리의 농촌, 농업을 절망으로부터 희망으로, 좌절로부터 새로운 가능성으로 전환하는 운동이다. 생명의 먹거리 생산과 나눔을 중심으로 땅과 밥상과 사람과 세상과 자연생태계를 살리는 운동이며, 참농민, 참사랑, 참세상 만들기 운동이며, 삶과 믿음을 일치시키고 생명의 교회를 건설하는 운동이다.

교회 내 우리농촌살리기운동의 전개를 승인하였고 1994년 6월 29일 전국본부를 창립하였다. 서울대교구는 한마음한몸운동본부의 사업으로 채택하면서 같은 해 10월 14일 천주교 서울대교구 우리농촌살리기 운동본부를 창립하게 되었다. 그리고 2005년부터 추계 주교회의에서 7월 셋째 주일을 농민주일로 제정함으로써 교회 전체가 농민들에 대한 관심을 모으고 함께 기도하고 실천하는 날이 되도록 하였다. 그리고 농민주일 담화문은 사회 복지위원회 위원장 주교 이름으로 발표되어 오다가 2005년 제10회부터 정의평화위원회 위원장 주교 명의로 발표되고 있다.

서울대교구 본부는 생명가치를 중심으로 밥상살림, 농업살림, 하느님 창조질서보전을 목석으로 삭 본당을 중심으로 생활공동체를 조직하고 이를 활성화하기 위한 사업으로 교육과 행사, 조직과 연구 사업을 전개하기 시작하였다. 오늘날 서울대교구 환경사목위원회는 1991년에 결성한 하늘땅물벗의 활동을 계승하고 있다는 점을 지적하고 싶다. 또 서울대교구는 방대한 사목적 인프라를 구축하면서도 주교회의 정의평화위원회의 환경소위원회, 인천교구 가톨릭 환경연대 그리고 수원교구의 환경생명위원회와 연대의 폭을 아우르지 못하고 있는 듯하다. 그리고 명동성당에서 4대강을 살리기 위한 전국사제 창조보전미사에서 성당입구에서 이 미사를 반대하는 보수단체의 집단행동들은 성직자와 평신도사이에 신학적 사목적 함의含意가 도달하지 못했음을 보여준다. 그리고 이 일련의 사건들은 오늘날 한국교회가 처한 단적인 모습과 가톨릭 생태 평화운동이 평신도의 삶의 자리에까지 미치지 못한 이유를 보여준다고 말할 수 있다.

대구대교구

대구대교구는 1994년부터는 가정, 생명 그리고 환경으로 교구 안에서 필자를 중심으로, 2008년도에는 환경위원회 이름으로 그 다음 2010년에는 정의평화 위원회의 환경소위원회 이름으로 생태운동의 명맥을 이어오다가 2011년부터는 생태정의와 사회정의를 통합하여 소수의 평신도와 수도자 그리고 성직자와 함께 지역 사회 안에서 소금의 역할을 하려고 노력하고 있다. 하지만 본당과 교구 공동체에 잘 접속되지 못하고 있는 실정이다. 대구대교구 역사상 처음으로 지역의 환경문제에 대해 발표한 성명서는 교구가 아닌 왜관 분도 수도원에서 시작한 고엽제 문제였다.

푸른평화운동

이 시대 표징表徵들 중 하나는 시민운동이다. 구체적으로 삶의 저변에서 자연스럽게 생겨난 소공동체이다. 사실 운동이 없는 곳에 대책은 없다. 이 운동은 오늘의 현실 문제들을 시민 나름 대로 관찰, 학습, 의식화하여 그 실천적 대안을 찾아 행동한다.

이 운동은 1990년대에 들어와서 활발하게 움직였다. 당시는고발 단계나 이론 단계에 머무는 것으로 힘이 약했다. 특히 1990년대에 문제화 되고 있던 복합적인 오염문제, 생태학적 위기, 분단과 지역 간의 감정문제, 지구 정의 문제, UR라운드 문제, 땅 투기 문제, 수돗물 문제, 식품공해, 성폭력 문제, 퇴폐문화 문제 등등을 나름대로 해결하려는 건강한 세력들이다. 예를 들면 경제정의실천운동, 어머니운동, 소비자운동, TV 모니터운동, 녹색운동, 지역자치운동, 생명운동, 의료운동, 민중문화운동, 각종 신자 공동체의 활발한 사회참여운동 등과 같은 것들이었다.

90년대 초반 시민운동의 한 네트워크로 푸른평화운동이 자리 잡게 되었다. 왜냐하면 신앙도 시대의 상처, 문제 그리고 민족의 아픔을 해결하려는 투신이 필요하기 때문이다. 신앙은 시대의 문제에 대한 다른 비전이고 출구이다. 한마디로 푸른평화운동은 생태학적 정의를 실천하려는 운동이다. 정의 없이는 평화가 가능할 수 없다. 정의가 없는 정치는 평화를 이룩할 수 없다. 그리고 자연과의 평화가 없으면 인류 간, 민족 간의 평화도 있을 수 없다. 이러한 운동은 '지구정의(Geo-justice)' 운동이다. 하나

밖에 없는 지구를 살리는 평화운동이다.

푸른평화운동의 주체는 여성이다. 우리는 이제 여성의 자리를 새로 매겨야 할 때라고 본다. 여성의 생리적 - 사회적 - 영성적 모성이 강조되는 방향에서 여성 운동이 이루어져야 한다. 특히 교회 안에서는 여성의 사회적 모성을 키워야 한다. 왜냐하면 여성을 가사와 자녀교육 그리고 남편과 성당에만 묶어둘 것이 아니라 생명, 생태적 리듬, 환경, 자연에 대한 여성들의 앎이나 각성을 통하여 이 운동의 전위로 삼아야 하기 때문이다. 그리고 공해문제, 식품오염, 수입식품, 농약오염, UR라운드, 농촌문제 등 소외 여성에게 아주 밀접한 밥상문제를 자연스럽게 다룸으로써 여성의 사회적 - 정치적 - 영성적인 면을 이끌어낼 수 있기 때문이다.

1단계 - 반복적 학습, 그룹 학습, 소공동체 조직, 연구발표, 사례발표, 강연회 개최, 현장 학습 등

2단계 - 성서를 생명적 - 여성신학적 - 생태학적인 관점에서 읽게 한다.

3단계 - 저공해 비누 만들기, 유기농법 생산지 방문, 쓰레기 운동, 직거래, 농민과의 만남, 가두 캠페인, 반상회와 부녀회에 참석, 사회학습을 통하여 나, 우리 자식, 우리 남편, 우리 가정이라는 가족이기주의에서 벗어나 지역공동체 운동에 참석 하도록 한다.

- 푸른평화운동의 시작

공해추방운동연합, 한국 천주교 정의평화구현 위원회 등에서 주최한 1990년 4월 22일 지구의 날 행사에 월배성당 교리교사들과 청년들이 참여함으로써 시작되었다.

- 푸른평화운동의 시작을 위한 준비

한 달 가량 '본당 지구의 날' 행사 계획(5월 6일 본당 지구의 날 - 살림운동 캠페인 초·중·고등학생, 젊은이)

① '지구촌의 위기, 도덕적 문제'라는 작은 팸플릿 제작
② 5월 27일 주일 강론 - 교황님의 메시지 낭독
③ 중·고등부 가두 캠페인, 청년연합회 환경스티커 배부, 공해 패널 전시

- 푸른평화운동의 고취를 위한 세부적 준비

① 이 운동의 명칭을 '푸른평화'라 정하고 티셔츠 제작 판매
② 푸른평화 여름 산간학교 프로그램 제작
③ 푸른평화운동의 성서적 근거로서 창세기 I,II,III장을 구조분석, 방법론으로 도입
④ 7월 8일 주일에 푸른평화 팸플릿을 전 교우에게 배부, 가정 안에 독성 테스트를 하게 함. 7월 5일, 7월 22일 두 주일 동안 강론에서 합성세제, 청량음료의 유독성 강조

한국 가톨릭교회의 생태의식

• 푸른평화운동의 실천

① '90 여름산간학교푸른평화 〈하느님이 보시기에 참 좋았다!〉
 - 산간학교 기간 동안 가공식품, 청량음료, 과자 등을 일절
 못 먹게 함. 샴푸, 퐁퐁 대신에 비누 사용, 치약 대신에 소금
 사용, 간식은 과일이나 미숫가루 준비. 합성세제 유독성 실험

② 식품 첨가물, 청량음료 자료 제작, 배부. 무익성을 강조

③ 정신적 푸른평화운동 - 푸른평화 전숲건강 연속물 Ⅰ. 스트
 레스 대처법

④ 1990년 10월 푸른평화 회보 발간 - 전 교우에게 푸른평화
 운동 알림

⑤ 자모회, 소공동체 학습(푸른평화 공동체의 전신) - 어머니들이
 푸른평화운동을 자신 있고 논리적으로 설명, 홍보할 수 있
 는 힘을 길러줌

⑥ 매달 한 번씩 푸른평화의 날 개최

⑦ 주보 공지로 작은 표어와 함께 실천사항 제공
 예) 푸른평화 수칙 70가지 - 새 하늘 새 땅을 향하여

⑧ 외부 강사 초청 강연회

⑨ 자선의 날 행사

⑩ '91 겨울 산간학교 - 매스미디어 교육

⑪ 신자 및 청년들의 활동
 : 합성세제 대용으로 저공해 비누 제작 및 판매
 : 저공해 비누 제작 방법 전파에 노력 - 성당 어머님들

: '91.4.28 대구 지구의 날 행사 청년들 참여 및 비누제작 시범, 성당 주변 시장 '합성세제 대신에 저공해 비누를'이라는 현수막을 들고 푸른평화 유인물 배부(푸른평화 가두 캠페인)

⑫ 푸른평화 현장 학습 - 주일학교 전체 (유치부 제외)

'생명학교' (고령 낙동강 - 다사 정수원 - 금호강)

⑬ 푸른평화운동 본부 산하 푸른평화 공동체 터를 마련 ('91.4.19)

- 안동 생명의 공동체와 연대하여 농산물 직거래

⑭ 안동 생명의 공동체 어머님들 방문('91.5.22)

- 농산물 재배지 현장 견학 및 농민들과의 나눔의 시간

⑮ 푸른평화운동에서 제작된 책자

푸른평화 교육 프로그램, 각종 유인물(청량음료, 농약공해, 식품 첨가물, 식품공해, 합성세제, 대기오염 등등), 겨울 산간학교 체험기, 푸른평화 노래집, 어린이 친구 사귀기(사회이론), 신부님 토요일에 만나요(여름 산간학교 체험기, 초등학교 1, 2학년생 신부님께 편지 쓴 것)

• 푸른평화운동의 과제

① 인식의 전환을 위한 학습이 중요하다. 왜냐하면 신자들이 신앙과 현실, 교회와 세상, 구원과 민족역사, 성聖과 속俗을 분리시키기 때문이다. 소위 영과 육의 이원적, 기계적, 환원적 사고 방식 때문에 신앙과 생명운동을 별개로 생각

한다.

② 본당 간에, 교구 간에, 신자 간에, 그리고 사목자 간에 연대가 안 된다. 그것은 생태학적 위기나 문명사적 전환기에 대한 통찰이 없기 때문이다.

③ 현장은 있는데 자연신학 혹은 창조신학 또는 생태학적 신학이 나오지 않고 있다. 지금까지 너무 역사신학만 강조해 왔다.

④ 공해의 문제는 우선 산업구조와 공장굴뚝, 산업문명에서 비롯된다. 그러므로 정부는 쓰레기 문제, 기업은 오염조정지불에 적극 나서야 한다.

⑤ 공해의 정치 경제적인 측면만이 아니라 우리는 한 개인의 무한한 소비 욕구 등에 대한 책임윤리를 강조해야 된다. (과소비는 종교심의 쇠퇴에서 비롯되기 때문이다.)

⑥ 공해에 대한 시민의식이 전혀 없기 때문에 우리는 생태학적 위기의 근본적인 원인을 신자와 지역주민에게 적극적으로 알려주어야 한다.

⑦ 선진 자본국들에 의한 공해 수출 문제를 적극 거부하는 정치적 의식이 필요하다. (공해와 민족주체의 문제)

⑧ 각 본당이나 교구 그리고 수녀원과 교회 간의 연대기구와 생명운동공동체가 필요하다.

⑨ 우리는 특히 유아와 어린이에게 생명교육을 철저히 해야 한다.

⑩ 농촌교구는 단계적(저공해 - 무공해 - 유기농업)자연 농업을 장려하고 도시교우들도 직거래를 통해서 우리 밥 - 밀 - 농산물 사먹기 운동을 대대적으로 전개하여 생산가격을 낮춘다.

⑪ 쓰레기를 줄이는 생활양식, 자원을 재활용하는 중고품시장, 벼룩시장 등을 열고 쓰레기 문제를 연구한다.

⑫ 성서를 생태학적 관점에서 읽고 새로운 신학의 모색을 위해서 신유학新儒學, 화엄사상, 애니미즘, 동양사상, 동양사상과의 대화를 한다.

⑬ 생명과 자연을 찬미하는 노래, 시, 로고, 표어, 슬로건, 판화, 음악회, TV프로그램, 만화 등을 만들고 특히 성 프란체스코의 태양의 노래를 보급한다.

⑭ 생명과 자연을 파괴하는 상품에 대해 불매운동을 벌이고, 그 기업에 항의한다.

⑮ 영양학적 관점에서 육식보다는 채식(창세 1,30), 부분식보다는 전체식, 정백가공 식품보다는 완전곡류나 현미식을 강조한다. (가공식품에 대한 불매운동)

⑯ 여성신학의 모색을 통해서 교회 안에 남성은 여성적인 면(음)을, 여성은 남성적인 면(양)을 통합시킴으로써 균형을 이루도록 한다.

⑰ 어린이와 청소년에게 생태교육 관련 미디어교육을 실시한다.

대구 우리밀 잔치

우리나라에서는 1989년 가톨릭농민회와 한살림 공동체는 경남 고성 두호 마을 24가구에 처음으로 우리밀 씨를 뿌렸다. 1990년 초, 우리나라는 밀가루를 전량 수입하고 있었다. 밀가루를 수입하는 과정에서 뿌려지는 방부제로 인해 몇 년이 지나도 벌레가 생기지 않는다는 것에서 우리는 수입밀가루의 유해성을 짐작할 수 있다. 1989년 우루과이 라운드로 인해 떨어진 농가의 사기진작과 농가소득 증대의 일환으로 우리밀을 심기 시작하였다. 우리밀은 농약을 전혀 쓰지 않아 대기 정화 및 토양과 수분을 보호할 수 있으며 국민 건강에도 기여할 수 있는 등 여러 가지 이점을 안고 있다. 농약을 뿌리는 수입밀에서 아플라톡신이라는 발암물질이 검출되자 우리밀에 대한 국민적인 관심이 더욱 높아지고 있었다.

1991년 김승오 신부의 헌신적인 우리밀운동은 전국민의 대대적인 지지 속에 농촌살리기운동과 생태운동의 기폭제가 되었으며, 대구에서는 푸른평화가 매일신문과 연대하여 1991년부터 전 시민을 상대로 두류운동장에서 3년간 우리밀 잔치를 벌이기도 하였다. 우리밀의 생산에서 시작된 우리밀운동은 그 이후로 우리밀 빵, 고추장, 라면, 과자 등으로 사업을 확대하다가 IMF 관리체제 하에서 부도 사태를 맞아 도덕적으로 상처를 남겼고, 교회의 신뢰감을 떨어뜨리는 결과를 낳고 말았다. 아픈 사례임에 틀림이 없다. 다만 김수환 추기경의 도움으로 겨우 명맥을 유지하였지만 교회가 사업에 무리하게 개입하게 될 때 결국 돈도 조합원도 잃는다는 사실을 새삼 깨우치게 되었다. 우리밀을 살려야 한다는 취지에 부응하여 출자한 조합원의 출자금도 결국은 다 날려버린 셈이다. 그러나 우리밀운동은 이 땅에 대한 사랑, 농업과 식량 자급자족에 대한 소중함을 일깨워 주었다는 점에서 그 어떤 운동보다도 실천적 의의가 컸던 사례라 할 수 있다. 교회만이 할 수 있었던 우리밀운동이 전문성의 결여와 경영미숙으로 결국 교회 밖에서 이를테면 호텔 제과·제빵부 혹은 지자체地自體에서 거꾸로 우리밀을 찾아야 하는 역설적인 사례가 되고 말았다. 지금은 미사에 사용할 제병을 우리밀로 할 수 있게 되었다는 점에서 우리밀운동은 또 다른 의미를 갖게 되었다.

우리밀운동이야말로 생태 복음화의 원리인 민족과 역사를 존중하는 생태운동이었다. 우리의 신학이나 영성이 민족의 관계사에 자각 없이는 건강하게 구현될 수 없음을 우리밀운동은 증거하고 있다.

사목국의 가정·생명·환경담당

88올림픽 이후 눈에 드러나게 성인용품 가게가 전국적으로 체인망을 형성하면서 마치 이러한 가게가 성 클리닉이나 교육센터라도 되는 것처럼 선전하고 있다. 이들 가게는 콘돔 사용이 성병 예방의 최상 방법인 양 아주 기발한 광고로 선전한다. 보건소나 병원, 간호학과 교육과정, 심지어 중·고등학교 교과서까지도 생태 출산조절법은 효과가 제일 낮은 법이라고 소개하고 있다. 유명 성교육 강사는 성교육은 피임교육이라고 아주 단정 지어 버린다. 이 피임 사고방식의 성교육은 출산율을 높일 수가 없다. 여기에 딜레마가 있는 것이다.

그리고 꾸준히 증가하는 성병, 장애아와 불임의 원인은 환경호르몬과 인공피임기술 때문이라고 생각한다. 피임약, 불임수술, IUD, 콘돔, 낙태 이런 것들은 사람들의 정신을 황폐하게 한다. 약의 부작용도 심하다. 피임약, 호르몬에 의한 인공피임, 불임백신, 인공 임신조절, 월경조절, 월경을 인공적으로 일으키는 RU-486 등은 범죄이다. 왜냐하면 생식력은 병이 아니고 생명의 충만함인데 갖가지 피임장치는 생식력을 질병으로 취급하기 때문이다

여러 가지 인공수단에 의해 여성은 남성이 원할 때마다 성을 제공하는 존재로 전락할 수 있고, 남성이 원할 때마다 취할 수 있는 대상이 된다. 여성의 존엄성은 빼앗겨 버리고 감정을 가지지 않은 기계로 취급되는 것이다. 아이를 가지기를 원하면 스위치를 넣는 셈이고 이제 더 이상 아이가 필요하지 않게 되면 약품이나 기구, 수술로 스위치를 끄는 셈이 되는 것이다. 세계보

건기구는 최근 하루 동안에 5,000명이 넘는 사람들이 치명적인 AIDS 바이러스에 새로이 감염된다고 추산하고 있다. 이 문제를 푸는 열쇠가 생식기술이나 피임약보다는 생태조절법이다. 콘돔이 방호벽이 아니라 자연만이 유일한 성교육이며, 자연은 우리를 신체적·감정적 그리고 영성적으로 보호해 주는 완벽한 방호벽이다.

1997년 5월에 일주일 동안 호주 멜버른에서 빌링스 박사에게 직접 배란법을 힘들게 배웠다. 빌링스 부부는 처음으로 생태 출산조절 배란법을 체계화했지만 자신들은 의사로서 자연에서 배운 것뿐이라고 겸손하게 말했다. 빌링스 부부는 중국 정부의 지원을 받아 자연피임법으로 이 배란법을 소개하고 있다. 우리 정부가 한편으로는 모닝 애프터 필morning after pill, 즉 낙태약을 팔 수 있도록 허용하면서 다른 한편으로 출산을 장려하는 것은 모순이다. 낙태약을 판다고 해서 성병이 줄거나 낙태가 줄어든 사례는 없기 때문이다. 현재 우리의 출산율을 높이려면 보건복지부에서 배란법을 제대로 배워야 할 것이다. 보건복지부에서는 피임 성교육에서 여성의 생식력을 존중하는 생태 출산법으로 패러다임을 바꾸어야 한다.

사목자들이나 수도자들까지도 생태 출산조절법은 단지 엄지와 검지로 점액의 농도를 측정하는 정도로 알고 있는 것이 전부이다. 이 배란법을 우리는 흔히 점액 관찰법이라고 알고 있다. 빌링스 박사가 지적하였듯이 점액 관찰이 중요하지 않은 것이 아니라 배란기의 타이밍을 알아내는 것이 더 중요하기 때문에 배란법이라 하는 것이 더 맞는 말이다. 중요한 것은 배란기이지 점액 관찰이 아니다.

　대부분의 사람들은 이 생태 출산법이 피임으로는 부적합하며 아주 고지식한 방법이라고 여긴다. 창조주가 임신의 터울을 두기 위해서 여성의 몸 안에 마련한 월경주기와 가임기, 배란기, 불임기라는 주기를 두었다. 일반 사람들은 막연하게 배란법을 생태적이면서 경제적으로도 싼 자연피임법, 즉 여성의 몸에 좋은 피임법 정도로 생각한다. 무공해 음식이 몸에 좋은 것처럼 생태출산 조절법을 생태적 성생활을 하는 정도로 생각한다. 배란법은 지금 현대인이 널리 사용하고 있는 인공피임 방법들과는 전혀 다른 차원이다. 아이를 거부하는, 생식력을 파괴하는 방법이 아니라 아이를 더 잘 낳을 수 있는, 즉 생식력을 존중하는 방법이다. 터울이나 자녀 수를 자연스럽게 조절하는 '몸의 대화법'이 이 배란법이다. 사실 배란법은 아이를 낳지 않게 하는 피임법이 아니다. 오히려 아이를 잘 낳게 하는 생태 출산조절법이다. 몸의 존엄성을 지켜주는 자연적인 방법이 바로 배란법이다. 배란이 불규칙하다는 걱정이 있지만 배란에 대한 무지가 더욱 걱정이다. 조제트 로이저 박사가 30년 이상 교육한 이 방법은 규칙을 정확하게 따르기만 한다면 배란후기 10일 정도는 100%, 그리고 첫 주에는 99%의 효과가 있는 것으로 밝혀졌다. 여성은 이제 인공피임 방법에 의존할 필요가 없다. 현대 여성들은 임신 가능 여부를 매일 밤 점액 관찰로 알 수 있다. 자연에 기초를 둔 배란법을 통해 생태 출산조절이 가능하다. 눈으로 볼 수 없는 맹인 여성이라 할지라도 배란 후 임신 가능기간의 징후인 미끈미끈한 감촉을 알 수 있다. 임신할지, 아니면 좀 더 시간이 지난 후에 임신할 것인지는 부부가 몇 가지의 규칙을 통해서 결정할 수 있다. 단, 그것을 위해서는 부부의 확실한 결심이 필요하다. 자연에 기초를 둔 이 출산조절은 서로에 대한 존경과 새로운 생명에 대한 존중, 상대방에 대한 충실, 가정 내의 평화와 조화를 깊게 한다. 이 방법은 가족 구성원의 안전과 건강을 보증한다. 자연법은 건강을 해치는 일이 없다.

교회는 모자 보건법이나 낙태 반대는 그렇게 줄기차게 하면서도, 무엇은 하고 무엇은 하지 말아야 되는지에 대해서는 제대로 가르치지 않는다. 성윤리가 무엇인지는 가르치지 않으면서 그 결과인 낙태는 하지 말라고 하니 낙태를 하는 여성들에게 죄의식만 더 가중시키고 있는 셈이다. '죽음의 문화'를 전파하는 미국이 중심이 된 전 세계의 가족계획협회의 '가족계획'이라는 용어에 대항하기 위해서 우리는 '생태 출산조절'이라는 말을 쓰고 있다.

실제로 교황 바오로 6세의 회칙 '인간 생명'(16항)에서도 이렇게 적고 있다. '부부는 생식 능력에 내재하는 자연주기를 이용하여 불임기에만 부부 행위를 함으로써 방금 설명한 도덕률을 거스르는 일이 없이 산아를 조절하는 것은 괜찮다.'고 교회는 가르치는 바이다. 교회는 '계획'이라는 말보다 '조절'이라는 말을 쓰고 있다. 계획이라는 말은 조작의 냄새가 나지만 조절이라는 말은 자연법에 따르는 용어이다. 교황 요한 바오로 2세의 회칙 '생명의 복음'에서도 마찬가지이다. '책임 있는 출산을 위해서 출산력을 조절하는 자연적인 방법을 사용하는 일은 정당한 것입니다.'(97항)라고 언급하여 생태 출산 조절법과 관련성 있는 성명을 한 바 있다.

수원교구

환경센터와 생명환경연합

수원교구는 1995년 11월에 '환경위원회'를 발족하였고, 1997년에 비누공장 즉 저공해 비누운동을 추진하는 '환경센터'를 세웠다. 이 센터는 대구의 푸른평화와 연대하여 공동으로 저공해 비누 브랜드를 개발하여 합성세제 추방운동을 전개하기도 하였다. 1998년 수원복음화를 위한 의식조사에서 시급히 추진해야할 사항이 환경문제라는 진단이 내려졌다. 그 결과로 각 본당에 가정 생명 환경분과가 설치되었다. 폐지모으기, 교복·교재 물려쓰기, 황창연 신부의 평창 환경 교육 캠프장 조성, 교구 환경위원회, 재활용 비누를 생산하는 환경 센터, 교구 녹색상 제정 등의 주요활동을 통하여 교구 내 환경운동을 고취시켰다. 특히 재생비누운동은 합성세제와 환경 호르몬의 문제, 화공 약품의 독성, 다이옥신, 피임약, 이른바 화학 문명의 문제를 근본적으로 성찰할 수 있는 1단계의 환경 실천운동이라 하겠다.

평창 성 필립보 마을 교육장을 운영하여 환경 피정 및 환경 체험 프로그램을 제공하고 있는데, 교회 및 일반 단체를 대상으로 환경 교육사업을 벌이고 있다.

2006년 교구장 직할 단체로 설립된 수원교구 생명환경연합은 미리내 성지 인근 골프장 건립 계획을 반대하는 운동을 전개하면서 소중한 정신문화 유산인 성지 보존과 아울러 자연을 지켜왔다. 이 외에도 경남 고성과 경기도 남양주 골프장, 안면도 골프장 등 사회적으로 문제가 되는 곳에 지속적인 관심을 기울이며 해결방안 모색에 노력하여 2009년 골프장 신설 백지화의 성과를 이루었다. 이러한 환경감시운동 외에도 여러 환경단체와 연계하여 실천운동을 전개하기도 하였다. 1995년에 세운 환경위원회와 2006년에 세운 생명환경연합이 어떻게 동반하고 있는지 관건이라고 생각한다.

평창 성 필립보 생태마을

실천적 환경운동의 체계화 및 확산을 위해 설립된 성 필리보 생태마을은 구호성으로 그치는 환경운동을 지양하고 구체적인 실천 사업을 통해 국내 환경 운동의 체계화 및 확산에 한몫하고 있는 생태마을이다.

산업화·도시화가 급속히 발달하는 현대사회는 개발과 발전이라는 미명 아래 자연환경이 파괴되고 있고 인간 본성이 말살당하는 위험에 처해 있으며 각종 대형사고와 살인사건, 강도, 강간, 학원폭력 등 이루 헤아릴 수 없는 혼란이 일어나고 있다. 이 모든 것이 아름다운 자연환경의 파괴와 정신문화의 빈곤에서 초래되는 일이라 생각하고 수원교구 환경센터에서 도시 생활에 찌든 청소년들과 교우들을 위한 휴식의 공간과 환경교육 및 피정을 위한 공간으로 활용하고자 강원도 평창 도돈리에 성 필립보 생태 마을을 2000년 11월에 완공하였다.

이 마을은 처음부터 생태마을로 세워졌기 보다는 반생태적인 마을에서 생태적인 마을로 변모해 갔다고 말할 수 있다. 마을에 친환경 농업미생물 BM활성수(Bacteria Mineral Water) 생산 플랜트도 만들었다. 이 생태마을은 황창연 신부와 깊은 관계에서 시작되었다. 이 마을의 영성은 교육과 힐링이다. 힐링은 가족 단위의 휴식 즉 쉼의 공간으로, 난치병자들의 회복공간으로 자리매김을 하고 있다. 그리고 각 성당이 주일학교 여름·겨울 캠프,

구역장 반장교육, 레지오 단원피정, 노인대학 캠프, 일반 어린이집, 유치원 학생들의 체험학습 등의 일을 하고 있다. 그리고 주목하는 것은 농촌살리기이다. 무농약 김장, 메주, 된장, 간장, 고추장 그리고 유기농업으로 생산된 각종 농산물을 교우들에게 판매하고 있다. 평창 성 필립보 마을은 한국천주교회의 큰 장벽인 교구와 교구 간에 연대사목을 할 수 있는 통합의 지평을 넓힐 수 있는 지가 큰 과제이다.

인천교구

인천교구에서는 생명운동을 통하여 창조질서를 보전하고 건강한 사회건설을 목적으로 하는 동시에 교회 내 환경교육을 활성화하고 일반신자의 환경의식을 심화하고 조직화하기 위해 가톨릭환경연구소를 설립하여 환경운동을 펼쳤다. 주요한 활동으로는 아나바다 가정만들기운동을 들 수 있으며 떡갈나무(소식지) 발행, 녹색기행 모임, 환경교육 등의 활동도 병행하고 있다.

아나바다운동은 2기에 걸쳐 시행되었는데 1기는 1997년 6월 21일부터 10월 11일까지 16주 동안, 2기는 1998년 6월 18일부터 9월 25일까지 8주 동안 실시되었다. 이 운동을 통해 사람들의 환경의식이 높아지고 생활태

아나바다 가정만들기운동

물, 쓰레기, 에너지 절약, 생활방식 바꾸기 등 각 항목에 걸쳐 스스로 점검한 결과를 소모임을 통해 나누고 토론하면서 스스로 친환경적인 생활방식을 추구하도록 하는 운동이다.

도도 친환경적으로 바뀌는데 큰 영향을 끼쳤다.

1993년 환경에 관심 있는 사제, 수도자, 평신도가 함께 모여 설립한 가톨릭환경연구소로 시작되어 1999년 가톨릭환경연대로 발전하였다. 그간 성당과 교회기관을 비롯하여 '본당에서의 환경실천 운동', '아나바다 재활용장터', '환경교육 중간지도자 교육' 등 교회내외에서 다양한 환경운동을 진행함으로써, 시민들이 환경문제에 관심을 가지고 활동할 수 있도록 활동하고 있다. 또한 지역의 여러 환경 현안에 대해서도 그리스도인의 시각으로 접근하여 해결을 위해 활동해왔으며, 2000년부터는 월미산, 문학산 등 인천의 녹지축을 잇기 위해 일반시민들을 대상으로 자연안내자를 교육을 통한 생태가이드로 양성을 하고 있다. 더불어 자라나는 다음 세대들의 생태환경교육을 위해 '민들레' 어린이환경탐사단과 청소년 환경기사단 '에코나이트'를 운영하고 있다.

인천교구 환경사목부는 2000년 시노드 의안 중 '환경사목에 관한 의안'의 적극적인 홍보와 실천을 통해 교회의 눈으로 보는 친환경적인 미래사회에 대한 청사진을 제시하고 아울러 그 초석을 마련하고자 개별 본당에서 환경실천의 붐을 일으켜 교구와 본당의 협력자와 적극적인 참여자를 발굴하였다. 또한 환경분과, 분과장, 개인 등 개별 조직화와 아울러 인천교구가 환경문제에 대한 관심을 갖고 있다는 사실을 알리는 캠페인, 대중

홍보사업 등의 보다 적극적인 수행과 아울러 인천을 근거지로 하는 시민들의 삶의 질을 끌어올리는 것을 또 하나의 활동 기본 으로 삼았다. 이 고장 원래의 자연생태적인 환경인 갯벌과 숲 보전을 위한 활동은 다음 세대에게도 당당히 책임지는 모습으로 다가섬과 동시에 또한 '인천의 녹지축 잇기와 숲 살리기운동'을 지속적으로 전개하면서 도시 녹지보전을 위한 제도개선 활동과 실천적 활동을 병행하여 전개해 나가는 것을 기본 방향 으로 삼고 있다.

원주교구

동강댐 건설 반대운동

1991년 영월댐 건설계획 발표에 따른 영월과 정선지역의 댐 건설에 대한 찬·반 양상이 상이한 가운데 지역 주민의 생존권 문제만이 아니라 환경보전의 문제와 관련해서 환경단체들이 개입하게 되었다. 10여 년 간의 논란 끝에 2000년 6월 드디어 댐 건설 계획이 백지화되고 2002년 8월 동강 유역 64.97㎢가 생 태계 보전지역으로 지정되었다.

동강댐 건설 반대운동은 생존권을 위한 주민운동에서 시작하여 다양한 계층과 단체가 참여하였는데 당시 가톨릭교회의 역할은 매우 중요했다. 원주교구가 동강댐 건설 반대운동에 참여한 것은 1998년 10월부터였다. 이전까지 지역 주민들이 주축이 되어 결성한 '영월댐 반대를 위한 3개군 투쟁위원회'와 환경단체들이 적극적인 반대운동을 전개해 왔지만 사회적 관심을 지속시키지 못했었고, 오랜 시간 동안 결말을 보지 못해 힘이 빠진 상태에서 주민들은 원주교구 정의평화위원회에 민원을 접수하였다. 민원처리과정에서 실상을 조사하면서 가톨릭교회는 동감댐 건설에 대한 반대 성명서를 발표하게 된다. 교구적 차원이 아니라 전국적으로 확산시키기 위해 홍보자료를 배포하고 전국 성당으로 서명운동을 전개하였다. 교구 내 모든 성당에 동강댐 반대 현수막을 걸고 신자들은 동강 살리기 차량 스티커를 부착해 캠페인을 벌였다. 전국 환경사제 모임과 사제단, 각 교구 정의평화위원회를 주축으로 동강댐 반대를 위한 촛불 기도회를 열고 교계 인사 2,000명이 동강댐 백지화 선언대회를 개최하기도 하며, 대통령에게 편지쓰기 등 전국 본당의 신자들이 적극적인 모습으로 운동에 동참하였다. 당시 동강댐 건설 반대운동의 의미를 살펴보면,

첫째, 사회민주화 운동에서 생태 환경을 보호하자는 차원으로 발전되었다. 원주교구는 지학순 주교의 영향으로 사회민주화 활동이 활발한 교구였으며, 동강댐 반대운동을 통해 창조질서 보전이라는 임무까지 영역을 넓힌 셈이다.

둘째, 원주교구에서 시작된 운동이지만 전국 환경사제 모임, 전국사제단, 각 교구의 정의평화위원회의 참여, 수도자는 물론

평신도들도 동참한 운동이다. 가톨릭 교회가 가진 조직의 장점이 제대로 발휘된 환경운동이라 할 수 있다.

셋째, '사회 정의'를 위한 사목활동의 일환으로 지역사회와 아픔을 함께 나누는 교회의 정신과 부합되는 운동이었다.

넷째, 사회적 공감대를 폭넓게 형성하였다. 환경단체, 학계, 종교계, 문화계, 예술계를 비롯하여 전 국민의 참여와 세계적 환경단체들이 참여한 환경운동이었다. 다양하고 자발적인 참여를 이끌어내어 생명에 대한 시민의식을 높이고 정부정책에 영향력을 행사하였다.

과정과 결과가 성공적인 운동으로 평가되었던 동강 살리기, 그러나 동강댐 건설의 백지화 이후 동강을 찾는 관광객이 급증하여 생태계 파괴가 급속도로 진행되었다. 동강댐 논란이 있었던 당시 생태계의 보고로서 그 가치를 인정받았던 동강의 모습이 아니다. 동강 주변에 민박촌과 음식점들이 들어서고, 여기서 나오는 각종 생활 오·폐수가 강으로 유입되면서 오염되고 래프팅이 일으킨 흙탕물로 인해서 그 오염도는 심각한 수준에 이르렀다. 동강댐 백지화 이후의 동강의 모습은 한국의 환경운동이 감시, 고발, 시위에서 벗어나지 못했던 안타까움을 여실히 보여주고 있다.

배론 살레지오의 집

배론 살레지오의 집은 생태 사회복지 모형이다. 일반적인 사회 복지 개념에 생태를 결합한 것이다. 지금의 사회복지는 시혜적인 입장에서 시설위주의 복지관이 많아 스스로 복지를 만들어 가는 것보다 남이 도와주는 복지개념으로 좋은 시설에 지내게 하는 것으로 생각한다. 생태와 사회복지 연결을 시도한 이동훈 신부는 생태 파괴의 우선적 피해자인 장애인에 주목을 하였다. 사실 장애인들은 환경문제의 중심에 있다. 페놀 임산부, 핵발전소와 핵폐기장의 노동자들, 공단 주변 피해자인 어린아이와 노인들, 이렇게 환경오염의 우선적 피해자인 사회적 약자에 대한 우선적 선택이 가톨릭 생태운동의 한 방향이 되어야 한다는 것으로 이동훈 신부는 보았다. 이동훈 신부가 생태사회복지 개념에 도달하게 된 계기는 배론 살레지오의 집 원장으로 중복장애인들을 위한 사회복지 사목에 투신하면서부터이다.

이동훈 신부가 지적한 것처럼 가톨릭 생태운동은 환경오염으로 인한 피해를 입을 사회적 약자에 대한 관심과 그들의 권익보호에 앞장서는 정의적 접근을 지속해야 한다고 말한다. 사회적 약자들의 고통을 외면하면서 지구 환경만을 강조하는 것은 정의에 어긋난다고 보았다. 사회정의와 생태정의를 결합한 것이다. 특별히 두 가지를 소개하면 다음과 같다. 하나는 놀이 프로그램을 통한 관계의 치유이고 두 번째는 노동을 통한 삶의 질을 높이는 것이다. 풍물놀이패를 운영하여 장애인들이 할 수 있다는 자신감과 사회통합의 한 계기를 마련하고 봉사만 받는 것이 아니라 풍물놀이를 통하여 남에게 봉사할 수 있는 기회도 마련하는 것이다.

장애인들이 사고 능력이나 신체적 면에서 부족하고 제한이 있다 하더라도 생태복지 차원에서 하느님의 생태학에 그리고 창조와 축복의 틀에 살게 하는 것이 중요하다. 자발적으로 그리고 주체적으로 장애가 장애가 아니라 오히려 삶의 자산이 되어 이웃과 사회에 소통을 하고 기쁨을 주는 가능성과 기회를 주는 것이다. 대구 성보학교의 하모니카 연주단이 그러하다. 예술을 통한 잠재력의 발휘도 한 축이고 텃밭을 통하여 장애인들이 마음과 몸을 단련시키고, 다른 사람들과 일을 통하여 자연스럽게 어울릴 수 있다. 실제로 배론 살레지오의 집에서 재배하고 키운 허브차를 판매하고 있다. 생태농장을 운영하여 장애인들이 스스로 일을 해보고, 생산해 보고, 키워 보고, 상품을 만들어 유통해 봄으로써 노동을 통한 육체의 건강, 사회통합 그리고 신세지고 있다는 강박관념에서 벗어나 정신적 심리적 건강을 찾을 수 있는 것이다. 지금의 한국 가톨릭 사회복지는 생태복지로 더 나아가서 행성지구의 복지로 나아가야 한다.

광주대교구

영광본당 반핵운동

영광핵발전소는 서해안에 건설된 최초의 핵발전소다. 영광핵발전소 가동 이후 대량으로 유출되는 열폐수로 해양 생태계가 파괴되었다. 갯벌이 부패했으며 어패류의 폐사 등으로 삶의 터전이 피폐되었고 방사능 누출로 인한 인명피해가 발생하였다. 1980년대 초에는 지역주민들을 중심으로 한 단순 피해보상운동이었다. 원전 3·4호기를 추가로 건설하고 5·6호기에 대한 정책이 설립되는 1980년부터 1990년까지는 영광지역 사회단체를 중심으로 3·4호기 건설반대를 위한 영광핵발전소 추방 운동 연합이 조직되었으나 명맥만 유지하고 있었다. 1990년 발전소 노동자였던 김철 씨가 영광성당에서 대세를 받고 사망함으로써 가톨릭교회는 핵발전소의 위험성과 부당성에 대해 적극 개입하게 되었다.

영광성당은 사목협의회 자연분과 내에 '원전을 생각하는 모임'을 결성하고 정기모임을 가지면서 진상규명운동을 시작하였고 영광지역 반핵운동을 보상투쟁에서 생존을 생각하는 반핵운동으로 도약시켰다. 이 모임은 향후 활동의 방향과 범위를 넓히기 위해 1993년 영광핵발전소 추방위원회로 개편하여 초청교육, 자체교육을 통한 일꾼 양성 및 사랑방 좌담회 등을 실시함으로써 소수가 참여하는 반핵운동이 아니라 다수의 지역주민들의 활동으로 활성화시키는 토대를 마련하였다. 그리고 1994년 4개 단체와 연대하여 영광핵발전소 추방협의회를 결성하여 3·4호기 가동 중지, 5·6호기 건설반대를 목표로 수많은 공청회와 집회를 전개하며 핵산업의 문제점에 대한 국민여론을 형성해 나갔다. 전국적 조직의 필요성으로 전국반핵운동본부로 재결성하였다. 한 신자의 죽음을 통해 본당 신부와 신자들의 적극적인 관심은 이 문제를 특정 교회 안에 국한 시키지 않고 사회 문제화시켜 사회운동으로 이끌어 갔다.

영광지역의 반핵운동을 주도해 왔던 영광본당의 박재완 신부, 이영선 신부, 조욱종 신부, 정홍규 신부 등의 노력으로 인해 핵에 대한 미망에서 깨어나게 되었다. 그러나 본당 사제가 바뀌면서 일관성과 통일성 그리고 지속가능한 사목이 되지 못하고 원점으로 돌아가게 되었다. 2011년 일본 후쿠시마 핵발전소 사고 이후로 삼척과 영덕에서 일어나고 있는 탈핵운동은 90년도 반핵운동을 기반으로 하여 연대가 이루어졌다면 하는 깊은 아쉬움이 남는다.

되살이 운동

광주대교구의 환경운동을 대표하는 것으로는 환경을 생각하는 사제들의 모임과 가톨릭 농민회를 중심으로 한 생명운동이 있다. 가톨릭 농민회가 주도한 되살이운동은 생명가치를 중심으로 밥상살림, 농업살림, 창조질서 보전을 위한 도시·농촌 생활공동체 실현운동이다. 자연생태계의 위기, 생명의 위기 속에서 도시와 농촌, 생산자와 소비자가 함께 손잡고 밥상살림, 농업살림을 통해 생명을 지키고 더불어 사는 공동체를 만들어 내는 생활실천운동이다.

되살이의 기본활동은 무엇보다도 도시생활공동체와 우리농

마을이 결연을 맺어서 소비자와 생산자가 함께 살아가는 것이다. 하지만 그 외에도 다양한 활동을 얼마든지 만들 수 있다.

되살이운동의 활동은 아래와 같다.

① 계약재배로 농촌살리기

농민들은 자주 '안정적인 판매처만 있다면 무슨 농사든 짓겠다.'라고 말한다. 농산물은 장기간 보관이 어렵고, 가격 변동이 심하여 농사를 지을 때마다 농민은 판매 걱정에 불안하다. 하늘이 도와 풍년이 되어도 한숨을 쉴 때가 있다. 따라서 계약재배를 통해 생산된 농산물을 책임지고 팔아주기만 한다면 걱정 없이 농사를 지을 수 있다.

되살이는 계약재배, 농산물생산을 함께하고, 생산을 책임지는 소비를 통해 우리농촌을 살린다. 나아가 되살이 회원은 자기가 먹을 농산물을 농민과 함께 만드는 과정을 거쳐 생명의 소중함과 창조질서의 보전을 몸으로 익히는 곳이 되어야 한다.

② 살림의 생활 만들기

물건을 팔기위해 장사꾼들은 허영심이나 불안감, 귀족의식 등 여러가지 환상을 소비자들에게 주입하려고 기를 쓰고 있다. 소비자들을 자신이 소비하는 물품이 얼마나 힘들게 생산되고, 자연의 온갖 오묘한 조화를 한몸에 안고 있는지에 대해 생각을 하지 못하게 한다. 즉 살아있는 것을 없애는 죽임의 생활을 하게 강요하고 있다. 이제 우리는 살림의 생활을 만들어야 한다. 재활용을 통해 간접적으로 생산한다든지, 환경보호를 위해 폐식용유로 비누를 만든다든지, 회원들 간에 여러 가지 모임을 가지면서 공동체적인 삶을 만들어가야 한다.

메주를 직접 만들고 장을 담가 본다든지, 땀흘리는 소비문화를 통해 우리 삶의 방식을 되돌아보는 노력이 필요하다.

살림의 생활은 아무 생각 없이 소비하는 일과는 다르게 항상 노력과 창조력이 필요하다.

③ 도시·농촌 서로 나누기

우리농마을과 도시생활공동체, 두 도·농공동체가 함께 만나 삶을 나누고 밥상을 나누고 보람과 희망을 나누는 관계를 형성하는 것, 이것이 곧 농촌과 도시, 인간과 자연이 함께 어울리며 건강하게 공존할 수 있는 유일한 길이다.

도시의 되살이 회원들이 틈틈히 시간을 내어 함께 손잡은 농촌의 우리농 마을을 찾아가 모내기 일손을 돕고 함께 김매기를 하면서, 그리고 가을 뒷동산에서 알밤을 털면서, 누렇게 익어가는 들녘에서 벼메뚜기를 잡으면서 흙과 자연, 밥과 생명의 소중함을 느끼고 땀 흘림의 보람과 수확의 기쁨을 맛보며 나눔의 의미를 깨달을 때 바로 거기, 그 자리에서 농촌이 살아나며, 생명과 생활을 함께 나누고 의탁하는 도·농의 생명공동체가 열릴 것이다.

④ 인간다운 사회 만들기

우리 사회는 속도의 마법, 대량소비의 마법, 돈의 마법에 걸려 있다. 돈이면 무엇이든지 할 수 있고, 돈만 있으면 무엇이든 살 수 있으니 더 화려한 것, 더 입에 착 달라붙는 것을 소비하는 것이 미덕이 되었다. 하지만 돈이 주인이 되는 속에서 사람들은 개별화되고, 소외되고 급기야 파괴되고 있다. 되살이는 이런 사회가 아니라 사람이 사람에게 몽둥이가 아니라 지팡이가 되어 주는 사회, 한솥밥을 먹으며 함께 웃음을 나누는 공생의 사회를 만들기 위해 노력하고 있다.

전주교구

새만금 간척사업은 전북 군산에서 부안을 연결하는 방조제 33km를 축조하여 2만 8천ha의 토지와 1만 2천ha의 담수호를 만드는 사업으로 1991년 착공되어 2004년 완공예정이었다. 그러나 갯벌에 대한 생명파괴, 수질, 쌀 수급의 문제가 제기되면서 새만금 개발 반대운동이 일어나게 되어 공사가 잠시 중단되었다. 하지만 수차례의 감사와 조사, 토론회를 거치면서 최종적으로 사업을 지속하기로 결정하였고 2010년 4월에 완공되었다. 사회적으로는 1998년에 이미 본격적인 반대 운동이 일어났지만, 교회가 공식적 입장 표명한 것은 2003년 5월이다.

문규현 신부와 여자 수도자 장상연합회의 오영숙 수녀 개인의 관심으로 가톨릭 교회의 참여가 시작되었다. 오영숙 수녀는 새만금 간척지 방문의 기회를 통해 생태파괴에 대한 심각성을 깨닫고, 여자 수도자들에게 전달하였다. 국회에서 예산 반대를 위한 침묵시위에 참여하고 범종교인 기도회에 참석하는 등 여성 수도자들의 활발한 움직임으로 사회적 영향력을 행사하였으며 다른 사목단체들의 참여도 이끌어 내었다. 2001년 3월 서울대교구의 사회사목부 사제들이 성명서를 발표하였다. 전국 환경사제모임 사제들이 움직이고, 전주교구에서 '간척사업반대' 성명서를 발표하였다. 이어 각 교구 여러 단체들이 성명서를 발표하였다. 간척사업에 대해 찬·반 입장의 차이가 극명하여 교회의 입장 표명이 다소 소극적이기도 하였다. 새만금 사업 반대 운동은 1999년 12월 주민이 중심이 된 '새만금 간척 중단을 위한 부안사람들' 결성을 시작으로 전주교구 사제단이 주축이 된 '새만금 간척 사업 즉각 중단을 위한 부안 사람들과 전북 사람들'이 2000년 4월 18일 구성되었다. 그리고 같은 해 10월 16일~11월 17일까지 33일간 조계사에서는 200여 개 종교, 시민, 환경 단체들이 새만금 갯벌 살리기 밤샘 농성을 벌였다. 또 2000년 11월 14일에는 가톨릭, 개신교, 불교, 원불교 등 4대 종단 성직자 수도자 2000여 명이 모여 새만금 간척 백지화를 통한 생명 평화 선언 대회를 개최했고, 한국 천주교 여자수도회장상연합회는 주요 사업 중 하나로 '새만금 간척 사업 반대' 운동을 채택했다. 2001년 3월, 90여 개의 범종교적 사회단체들이 '새만금 생명 평화 연대'를 결성하였고, 새만금 해창 갯벌에는 불교

사찰과 천주교 기도의 집, 개신교 기도의 집, 원불교 교당이 마련되었다. 2003년 3월, 4개 종단의 성직자들이 새만금에서 서울까지 새만금 살리기 위한 삼보일배의 수행을 펼쳤다. 범종교적인 연대활동뿐 아니라 사회단체와도 연대하여 전국적으로 운동이 확산되었으며, 2003년 5월 천주교 주교회의 정의평화위원회는 '새만금 갯벌과 온 세상에 생명과 평화가 넘치기를 기원'하는 환경 담화문을 발표하였다. 종교단체의 참여로 인해 생존권 회복 내지 자연환경보존의 차원에서 펼치던 환경운동의 가치가 생명 평화적 관점의 차원으로 확대되어 갔다. 종교를 초월한 환경운동의 의미는 높이 평가될 만하지만 전체 교구 차원의 동참이 부족하고, 창조영성과 생태영성에 따른 신앙 본분으로서의 운동 수준으로 이끌지 못한 아쉬움이 남는다.

안동교구

생명의 공동체는 안동교구의 생명 농업을 향한 여정 속에서 탄생되었다. 경상북도 북부 지역을 중심으로 1969년 5월에 설정된 안동교구는 1976년에 사목국에 농민사목부를 설립하였다. 안동교구는 농촌과 농업 그리고 농민의 생태복음화에 깊은 관계가 있다. 그리고 생명농업을 통한 도시민과 농민연대운동은 필수적이다. 생명의 공동체와 푸른평화 생활협동조합의 연대는 단순히 생산자와 소비자가 만난 것이 아니라 상호 관계성 속에서 소비자는 생산자 속에서 생산자는 소비자 속에서 상생과 호혜의 경제를 만든다는 영성이 그 원천이다. 대표적인 것이 바로 쌀 약정운동이다. 1960년대 후반부터 시작된 가톨릭 농민회의 활동에 힘입음도 아주 크다. 안동교구 농민회는 1990년부터 생명운동과 공동체운동을 전개하기로 결정하여 안동 생명의 공동체가 결정되어 오늘날에 이르렀다.

1990년 4월에 시작한 푸른평화와 1990년 12월에 시작한 안동 생명의 공동체는 지금까지 20년 동안 변함없이 서로 연대하고 있다. 특히 안동 생명공동체의 노지露地채소와 1차 농산물은 도시 소비자는 생산자의 삶을 책임지고, 생산자는 도시 소비자의 밥상을 책임진다는 연대성 속에 20년 동안 생산자와 소비자의 마음 속에 뿌리를 내리고 있다.

두 공동체 모두 성직자와 수도자(조창래 신부와 박사베리아 수녀)에 의해서 시작되었으면 사실은 초종교적이다. 90년대 말 필자는 경북 북부지역 물미, 풍양, 쌍호, 사벌, 상주 공동체 현장을 방문하고 산지여정을 통하여 도·농 간에 만남을 통해 교류를 자수 하였다. 월배와 상인본당의 소공동체 운동의 반모임에서 공동구매를 통해 아파트 입구에서 먹을거리를 공유하였다. 소공동체는 성경말씀과 일용할 양식을 양 축에 신앙과 현실을 통합한 사례이다. 영육 이원론으로 인해서 말씀만 남고 일용할 양식의 도·농 나눔을 교회 밖에서 생활협동조합으로 변해간 것이다.

조합원들의 종교가 다양하고 생산자조합원들의 종교도 종파에 관계없이 한 공동체를 이루었다. 이것이 큰 장점이었는데 교구마다 우리 농촌살리기운동이 결성됨으로써 조합원 안에 천주교와 비천주교를 구별하는 바람에 공동체가 무너지는 아픈 경험도 있다. 원주교구의 농민사목의 실패에서 보여주는 것처럼 제도권과 비 제도권을 아우르지 못한 종교편협적인 태도에 의해 안동 생명공동체가 이원화되고 결국은 비 제도권은 종교 제도권에서 밀려나거나 교구나 성당 소속이 아니니까 소외되었다. 공동체가 분열되면서 90년도 초반기에 발흥한 가톨릭 생태평화운동이 90년대 중반에 오면서 활기를 잃어가는 현상을 겪었다. 대구의 푸른평화가 소비자 중심이라면 안동의 생명의 공동체는 생산자 중심이다. 두 공동체의 연대는 소비자는 생산자의 삶을 생산자는 소비자의 밥상을 책임진다는 방식으로 90년대 초반에 아주 활기차게 교류하였다. 월배성당에서는 생산자와 소비자 직거래 장터를 열기도 하였고, 도시의 소비자들이 산지여정을 통해서 생산자의 삶에 참여하기도 하였다.

천주교 연대의 4대강 개발 반대운동

4대강 정비 사업은 2008년 하반기부터 이명박 정부가 추진하던 것으로 2008년 12월 29일 착공식을 시작으로 2012년까지 총 22조 원을 투입해 한강, 낙동강, 금강, 영산강에 노후 제방 보강과 하천 생태계 복원, 중소 규모 댐 및 홍수 조절지 건설, 하천 주변 자전거길 조성, 친환경보 설치 등을 추진한다는 내용의 사업이다. 그러나 막대한 예산 투입과 공사로 인한 자연환경 파괴 등의 이유로 인해 환경단체들의 지속적인 비판과 더불어 정치권내에서도 논란의 중심이 되었다.

4대강 사업 반대운동은 환경단체, 시민단체, 종교계를 중심으로 광범위하게 이루어졌다.

2009년 10월 30일, 주교회의 정의평화위원회 환경소위원회와 천주교창조보전연대는 4대강 사업 반대의 입장을 공동으로 발표하였다. 이어 2009년 12월 15일 '4대강 사업 저지를 위한 천주교 연대'를 발족하였다. 각 교구의 정의평화위원회와 환경사목위원회를 담당하는 신부들과 환경문제에 관계된 단체장을 맡고 있는 수녀들과 평신도들이 주축이 되었다. 2009년 12월 29일 최덕기 주교의 주례로 각 교구별 사제와 신자 400여 명이 모여 '4대강 사업 중단과 팔당 유기농지 보존 천주교 비상행동 선포식'을 갖고 본격적인 활동을 시작하였다. 천주교 연대의 활동에 큰 영향을 끼치고, 활동 방향의 정립에 도움을 준 것은 2010년 1월, 교황 베네딕도 16세의 평화의 날 메시지이다. 이 담화문에서 '평화를 이루려면 창조물을 보호하십시오.'라고 호소하고 신앙인의 의무와 사명에 대해 '교회는 창조주 하느님께서 모두에게 주신 선물인 땅과 물과 공기를 보호하고 무엇보다도 인류를 자멸에서 구해내기 위해 공공생활에서 그 책임을 행사하는 것이 의무라고 생각한다.'고 하였다.

교황의 가르침에 이어, 2010년 3월 8일 1,500인 사제단이 '4

대강 사업 중단을 촉구하는 전국 사제 선언'에 서명을 하게 된다. 며칠 뒤 2010년 3월 12일 천주교 최고의사결정기구인 주교회의가 4대강 사업 반대 입장을 공식 천명했다. 성명서를 통해 우리나라 곳곳에서 동시다발적으로 진행되고 있는 4대강 사업이 이 나라 전역의 자연 환경에 치명적인 손상을 입힐 것으로 심각하게 우려하고 있다고 밝히고 사업 중단을 촉구했다.

전국에서 4대강 사업 저지를 위한 미사가 봉헌되고 명동성당에서는 대규모 시국미사가 열리기도 하였는데. 이는 1987년 6월 민주화 항쟁 이후 처음으로 명동성당에서 정부정책에 반대하는 미사가 열리는 것이기도 했다.

2010년 5월 10일 전국 사제, 수도자 5,005인의 반대 선언이 있었다. 이렇게 많은 주교와 사제가 참여하기는 1987년 항쟁이후 처음의 일이었다.

사업의 목적이 모호했으며 국민적 합의 과정도 없이 졸속으로 추진된 사업에 대한 비판이 쏟아졌다. 4대강 사업의 역풍으로 인해 2010년 6·2 지방선거 여당 참패라는 결과의 분석이 각계에서 제기되었지만 선거결과에 상관없이 사업을 밀어붙이는 정부에 대해 가톨릭교회는 지속적인 반대 운동을 전개하였다.

2010년 6월 14일 4대강 사업을 강행한다는 대통령의 연설에 대항하여 경기도 양수리 성당에서 강우일 주교회의 의장이 집전하는 생명평화 미사를 열고 도보행진을 하였다. 사제들은 4대강 사업 중단과 팔당 유기농지 보전을 위해 2010년 6월 10일부터 경기도청 앞에서 '사제 릴레이 기도회'를 시작하였으며, 100만 명 서명운동을 재개하고 낙동강 미사와 순례에 나섰다. 4대강 사업을 저지함으로써 생명과 평화를 수호하려는 노력은 전 교구 차원에서 이루어졌다. 많은 주교들과 사제들, 수도자들, 평신도들이 한마음으로 전국을 돌아다니며 생명·평화미사를 봉헌하고, 강을 순례하고, 선언문을 낭독하고 기도하였다. 이러한 노력에 대해 천주교 정의평화위원회는 2010년도 가톨릭환경상 대상을 '4대강 사업 저지를 위한 천주교연대'에 수여하였다.

가톨릭 생태운동의
성찰과
나아갈 길

　가톨릭 생태운동 20년 동안의 약사를 살펴보면 성찰을 통하여 전망을 식별할 수 있다. 운동의 당위성을 앞세우면서도 전문성이 결여되면 결국은 운동이 흐지부지 사라진 예가 많았다는 사실을 지난 역사에서 볼 수 있다. 수도회에서 유행처럼 번진 EM사업은 어느 특정 기업만 선전한 결과를 낳았고 마치 EM하면 모든 운동을 다 하는 것처럼 착각하는 것도 전문적 식견이 부족했기 때문이다. 그러므로 교구나 수도원 안에 생태 전문가를 양성하고, 생태전담사제나 교구 생태사목 전담위원회를 설치하고 우선 천주교 내 교구 간에 신심단체 간에 네트워크가 이루어져야 한다. 원주교구의 동강살리기 국민적 연대의 참여와 부산교구의 암웨이 사건에서 우리는 배울 것이 적지 않다. 서울대교구를 제외하고는(환경사목위원회) 생태 복음화 사목의 전담기구가 각 교구마다 전혀 없다는 것도 문제이다. 대구대교구는 90년대 푸른평화와 사목국의 가정·생명·환경의 생태복음화를 전승하지 못하고 2007년에는 교구환경위원회에서 활동을 하다가, 2011년에는 교구 환경위원회가 정의평화위원회에 흡수 통합되어 활동하고 있다. 서울대교구의 환경사목위원회는 1991년에 결성된 하늘땅물벗의 활동을 계승하고 있지만 현대 한국 생태운동의 선구인 원주교구 농민사목은 교회 내에 혹은 원주교구의 사목에 통합적으로 공유되지 못했다. 대구대교구의 푸른평화도 교구 안에 창조적으로 계승되지 못하고 법인형태로 활동하고 있다. 하지만 달서구 지역의 생활협동조합의 전신은 월배와 상인 본당의 녹화 프로그램의 결과였다. 1990년대의 월배성당의 녹화 프로젝트는 참고할 만하다.

가톨릭 농민회와 안동교구의 생명의 공동체 그리고 원주의 농민사목의 활동으로 한국천주교회의 모든 교구에서는 우리농촌살리기운동이 정착된 점은 아주 큰 성과라 할 수 있다. 예컨대 서울대교구의 도농협력분과위원회, 대전교구의 우리농 생활협동조합, 안동교구의 생명 공동체, 청주교구의 도농협력부, 광주대교구의 우리농, 부산교구의 우리농 매장과 대구대교구의 푸른평화 소비자 생활협동조합이 바로 그것이다.

교회가 범 교구적 차원에서 생태신학을 정립하고 미래의 사목자들인 신학생들이 학문적 교류가 이루어져야 하고, 이동훈 신부의 지적처럼 우리들의 순교자 영성을 '녹색순교'로 생활양식을 변화시킴으로써 새로운 생명문화를 선도해야 하고, 교구마다 본당 내에 '생태분과'가 조직되어야 한다. 본당 녹화와 교회녹화가 되기 위해서는 '레지오 생태화'와 '소공동체의 생태화'가 가장 원천적이라고 생각한다. 성모 마리아와 지구 어머니를 연결시키는 신학작업이 필요하다. 이 작업은 신심 깊은 레지오를 생태영성주의와 결합하여 성모님에 대한 깊은 신심을 십자가의 고통을 당하는 지구의 어머니에게까지 확대될 수 있도록 신학적인 성찰과 실천적인 과제로 레지오 활동을 끌어 올린다면 한국 가톨릭 생태운동이 발전될 것이다. 10년 이상이나 한국 천주교회가 복음적 공동체를 구현하려고 소공동체를 발효시켰던 만큼 결실이 작은 이유는 복음 나누기의 역사적 그리스도에서 우주적 그리스도까지 패러다임이 전환되지 않았기 때문이고, 본당을 어떻게 효율적으로 잘 관리하느냐는 맥락에서 소공동체를 볼 것이 아니라 인간중심의 소공동체를 하느님의 평화 생태학까지 뭇 생명이나 하느님의 창조물까지 아우르는 공동체가 될 수 있는 폭과 이해를 넓히지 못했기 때문이라고 생각한다. 우리 교회의 소공동체를 일용할 양식, 즉 밥과 경제를 두고 마리 가별 수녀와 지학순 주교의 비전을 다시 담아낼 수 있다면 구체적이고도 실질적인 생태 복음화가 진전되리라고 본다.

각 교구 평생교육원에서 실버세대나 청년세대가 생태와 생태신학에 대해 관심을 갖고 배울 수 있도록 전국의 4대 신학대학과 각 연구소 간에 학문적 교류가 이루어져야 한다. 그리고 한국가톨릭신학대학에서 사회교리의 일환이 아닌 단일 교과로 생태신학과 영성이 개설되어야 한다. 용어도 시설환경이나 환경이라는 말보다는 생태라는 말로 변화해야 된다고 본다. 최근의 흐름이 자연에서 환경을 거쳐 생태로 이전했기 때문이다.

20년 간의 활동에서 한국천주교회는 주교회의 산하에서 정의평화분과위원회에 환경소위원회(2001년 8월 17일)를 둔 것은 발전된 제도이지만 사회정의와 생태정의가 분리된 것이 아니다. 이 둘은 하나인데 정의평화위원회와 환경소위원회를 분리할 것이 아니라 하나로 통합해야 하든지 독립하여 생태위원회라고 해야 할 것이다. 한국가톨릭 생태운동의 NGO인 '천주교창조보전전국모임'은 유기적인 연대의 축이 되어야 한다. 이 모임은 가장 큰 잠재력을 가지고 있지만 운영 측면에서 조직성과 체계성이 떨어진다는 단점이 있다. 그러나 우리 교회는 그 조직상 인적, 물적 자원이 풍부하다. 본당은 하나의 개별 교회만 존재하는 것이 아니라 지구, 지역, 대리구 등으로 조직된 연계선 상의 단일조직체이다. 또한 교구도 지역교회로서 하나의 망을 형성하고 있으며, 전 세계적으로 교황청도 하나의 단일 조직체이다. 이러한 측면에서 생태운동의 인적·물적 차원의 조화로운 나눔과 연대는 충분한 시너지 효과를 발휘할 수 있다. 본당과 본당 간에 교구와 교구 간에 한국천주교회와 동아시아 천주교회 간에 네크워크가 이루어져야 한다. 일본 후쿠시마 원전사태만 하더라도 동아시아 나라 간에 연대가 필요하다. 2012년 11월 13일부터 15일까지 제18회 한일주교교류모임이 경주에서 '탈핵'을 주제로 열렸다. 세미나를 통해서 원전의 문제를 같이 공유하고 월성 핵발전소를 견학한 후 양남본당에서 한일주교 공동미사를 집전한 좋은 사례가 있다. 권역별 연대가 중요하다. 4대강을 따라 연대해도 좋을 것이다. 영남권, 호남권, 경상권, 수도권, 강원권 속에 교구들이 연대한다면 교구의 벽을 넘을 수 있고, 연대가 문제해결의 큰 축이 될 수 있다고 본다. 동강사례가 그렇다고 본다.

교황 요한 바오로 2세는 1990년 세계 평화의 날 담화문에서 생태계의 위기는 우리 모두의 공동책임임을 천명하고 이에 대한 해결책을 모색하기 위해서는 '제 민족과 국가 간의 새로운 관계 설정' 및 연대가 절실히 필요하다고 강조한 바가 있다. 전국환경사제모임에서 천주교환경연대를 거쳐 천주교창조보전 전국모임으로 성장해온 이 네트워크는 '연대성과 조직력'에 각별한 관심을 기울이고 주교회의 정의평화위원회와 환경소위원회 그리고 서울대교구 환경사목위원회가 따로 있을 것이 아니라 서로 연대하여 한국천주교회에서 중심적인 역할을 해야 할 것이다. 그리고 한걸음 더 나아가서 2001년 5월에 조계사 불교회관에서 출범한 '종교환경회의'와 연대를 구성하여 천주교만의 종교적 무게를 실어야 한다. 만약에 새만금 삼보일배三步一拜를 천주교환경연대가 동반하고 종교환경회의에서 함께 동행하였다면 동강처럼 모범사례를 남겼을 것이다.

생태운동은 교구에 따라 활동방향이나 입장이 다를 수밖에 없지만 단순히 사목자 개인적으로 본당 사도직에 더해진 활동으로 여겨지거나 개인이 실천할 수 있는 차원에 머무르고 있는 한계점을 드러내기도 했다. 사실 그동안 한국 천주교회 내의 생태운동이 소수의 예언자들의 외침이었다면, 이제 교회전체가 하나의 녹색교회의 고유한 목소리를 내야 할 때이다. 그리스도교 신앙은 어떤 특정 개인적인 일이 아니다. 가톨릭 생태운동은 본당이나 교구, 전국의 교회가 생태 복음화 사목을 중심으로 이루어지고 실천적 차원에서는 지역의 환경단체와 함께 연대하는 수준까지 도달해야 할 것이다. 생태운동이 조직적인 신앙운동으로 정착하기 위해서는 무엇보다도 연대성과 생태사목의 구체적인 과제가 제시되어야 한다.

또한 가톨릭 생태운동이 시민운동과 차별화되기 위한 과제들에 대해서 깊은 성찰이 필요하다. 신자들 대부분이 환경과 신앙을 별개의 것으로 인식하는 것도 문제이지만 우리 교회가 사회의 생태의식을 따라가지 못하는 것도 큰 문제이다. 우리 생태운동은 반대운동만이 아니라 '쇄신운동'이며 '사회복음화'라는 생명운동이다. 새로운 생명문화를 건설하기 위한 '지구정의'나 우주적 영성의 뒷받침을 통해서 '사람 중심의 선교'에서 '하느님 창조 중심' 즉 '온 창조물 사이의 상호 선교'로 '이해와 실천 패러다임'의 변화를 이루어야 할 것이다.

1991년 봄에 낙동강 페놀사건이 터졌다. 이 사건은 전 국민이 환경에 대한 의식이 발흥하는 계기가 되었다. 이때부터 폐식용유로 저공해비누운동이 확산되는 시발점이 페놀사건이었다. 역사적으로 1989년 7월 14일에 주교회의 정의평화위원회는 환경문제에 대한 강연회를 열면서 '환경오염 남의 얘기가 아닙니다'라는 자료집을 발간하였고, 같은 해 7월 18일에는 '공해 문제 전문가 세미나'를 개최하면서 1980년 말 환경과 공해문제에 교회가 공적이고도 구체적으로 응답하기 시작하였다.

공교롭게도 20년 지난 같은 봄에 2011년 이번에는 낙동강이 아닌 왜관수도원 옆 미군부대에서 고엽제사건이 또 터지게 되었다. '페놀과 고엽제'는 아무런 연관이 없는 것 같지만 이 둘은 석유화학문명의 상징처럼 느껴진다. 고엽제의 사촌 제초제는 여전히 농촌에서 빠질 수 없는 자재임을 우리는 늘 목격한다. 왜관분도 수도원에서 개최하는 '고엽제 진상규명' 연대미사에서 고 이사악 신부는 강론에서 이런 깊은 성찰을 하였다.

"우리 수도원은 제사직에 늘 충실하였고 대구대교구는 왕직에, 안동교구는 예언직에 투신하였지만 우리는 예언직에 소홀히 해왔음을 고백하지 않을 수 없습니다."

교회의 예언직에 소홀함은 어디 한 교구뿐인가? 우리 한국 교회 전체가 예언직에 무관심하지 않는가? 평신도와 수도자와 성직자 간의 현장사목 안에서 깊은 괴리는 91년 우리밀운동, 98년 동강살리기운동 때보다도 지금의 밀양 송전탑과 강정마을 문제에서 더 깊어지고 있다. 온 창조물의 상호 선교의 투신은 성직자나 수도자만의 전유물이 아니고 특정 신부나 수도자의 예언자적 외침만이 아니다. 생태와 교회의 미션은 더욱 불가분의 관계가 되어 있는데 오히려 한국 교회의 이 미션은 더욱 통합되고 있지 않다. 부분적으로는 삼척반핵평화운동과 영덕반핵평화운동에서 시민사회와 사회정의, 생태정의가 통합되어 가고 있지만 교회 안에서는 성직자와 주교단 안에서는 담화문이나 성명서를 통해 서서히 균형을 잡고 있는데 평신도가 주축인 본당의 현장까지는 길이 멀어 보인다.

제주도 강정 구럼비 해변에서 시위대와 연대한 문정현 신부의 사고 소식이 전해진 2012년 늦겨울에도 두물머리와 제주도 강정에서 매일 미사가 봉헌되었다. 또한 밀양 송전탑에서 연대 투쟁하던 수녀들이 다쳐도 가톨릭 생태운동은 신앙인의 본분이라기보다 단순히 사회운동의 일부분 정도로 인식되고 있는 것이 사실이다. 우리의 현 주소가 왜 이렇게 왜곡되어 있을까? 교황 요한 바오로 2세께서 1990년에 발표한 〈창조물과 함께하는 평화〉가 신앙인의 본질적인 부분이라는 의식에 미치지 못하고 있는 이유는 무엇인가? 원주교구의 이동훈 신부는 우리 담론 안에 창조영성, 생태영성을 진작시키지 못하고 우리 내부에 생태신학적인 논의가 부족한 것에 기인한다고 진단한다. 탈핵 혹은 반핵, 4대강 반대, 새만금 반대, 제주 해군기지 반대 등 우리가 반대만 하는가? 아니면 우리가 보전하고 지켜야 될 것은 무엇인가? 왜 우리의 생태운동이 다른 NGO처럼 반대만 하는 운동으로 일반 사목자들에게 보여질까? 가톨릭 생태운동이 반대만 하는 운동으로 비쳐져서는 안 된다. 우리는 창조와 축복의 영성으로 대안을 제시하고 사례를 발굴해 내고 실천 모델을 창조해야 한다.

아주 최근에도 교회의 존재 이유가 인간의 구원을 매개하는 데 있을 뿐이며 예컨대 자연과 환경 문제 등은 교회가 아니라 정부가 알아서 할 일이라고 말하는 성직자가 존재한다는 것을 우리는 확인하였다. 지금 우리 교회 안에서는 특히 교황 요한 바오로 2세가 선구적으로 창조질서 보전을 위한 투신이 하느님 자신에게서 비롯되는 사명임을 명확히 밝혀 주었고, 교황 베네딕도 16세는 2007년 '평화 생태학'이라는 개념을 통해 이 세계

의 평화가 어떻게 창조질서와 맞물려 있는가를 확고하게 제시
하였다. 그러나 지금 한국교회는 생태와 평화의 단절이 두드러
지게 나타나고 있는 것이다. 이것은 구원을 하느님의 창조질서
와 통합한 형태로 자신의 직분을, 그리고 교회의 존재 이유를
자각하고 실천해 가지 못하는 단계에 있다는 것을 지적하고 싶
다. 이는 교회의 미션 이해와 실천 패러다임이 사람 중심 미션
에서 하느님의 창조 중심의 미션으로 확대되지 못하고 있기 때
문이다.

지난 20년 간의 가톨릭 생태 복음화운동에 절호의 기회가 있
었지만 우리는 창조적으로 계승하지 못했다. 예컨대 1980년대
초 원주교구에서 선구적인 농민사목을 통하여 형성한 유기농
업과 1985년에 원주에 세워진 소비조합운동, 1986년에 서울 제
기동에 한국 최초로 등장한 한살림농산에 관한 실천적 비전을
우리 교회는 1990년대 이후 계승하는데 실패하고 말았다. 그 실
례로 1960년 5월 메리 가별 수녀가 투신한 신협은 신협대로,
1980년대의 지학순 주교와 장일순 선생이 통합한 '조 한 알 생
명살이' 한살림생협은 생협대로 우리 교회의 구원사업에서 통
합적으로 공유되지 못하고 떨어져 나가버렸다. 그리고 이런 실
패에 뒤이어서, 교회 안에서 김수환 추기경의 적극적인 지지로
1990년도 다시 전개하기 시작한 우리 농촌 살리기와 서울대교
구의 '하늘땅물벗' 운동과 같은 생태와 환경운동이 이미 형성되

었던 생태 복음화의 비전을 계승하지 못한 채 맨 처음부터 다시 시작하는 비효율적인 시행착오의 아픔을 겪어야 했다는 사실이다. 1990년대 태동한 서울대교구의 가톨릭 환경운동인 '하늘 땅물벗' 운동이 1994년 해체되고 서울대교구의 환경사목에 흡수되고 말았다. 또 대구대교구는 역시 1990년대 시작한 '푸른 평화'와 사목국 안에 둔 '가정·환경·생명'은 환경문제를 교구의 본당 사목에 통합하고자 시도했는데 2000년대에 부서가 없어지고 푸른평화만 교회 밖에서 활동하고 있다. 대구대교구는 2007년 환경위원회로 잠깐 활동하다가 2011년부터 정의평화위원회에서 생태사목의 맥을 이어가고 있는 중이지만 다시 시작하는 전환점을 맞고 있다.

'평화를 이루려면 창조물을 보호하십시오.'라는 교황 베네딕도 16세의 간절한 외침은 본당마다 동반하지 못하고 단순히 본당시설이나 관리분과 위원회로 전락하고 있다는 사실이다. 그래도 조금씩 긍정적인 조짐이 보이는 것은 1980년대 정의구현사제단의 가톨릭 민주화운동과 1990년대 환경사제모임의 가톨릭 생태 복음화운동의 4대강과 강정바다, 왜관 수도원의 고엽제 사건, 밀양 송전탑과 핵발전소, 탈핵과 생명 농업을 향한 여정이 미션 안에서 하나로 통합되어가고 있다는 것이다. 그러나 아직은 우리농산물이나 건강식품, 무공해, 저공해 식품, 자연명상 등 일반적인 환경문제에 관심을 갖는 일반 시민들이 사회의 구조적 불의가 어떻게 생태정의와 상관되는가를 충분히 자각하고 있다고 보기는 어렵다.

일각에선 생태영성이 주목하는 축복과 긍정을 이야기하면서 '사회적 불의나 역사의 현장을 소홀히 하는 비역사적 낭만주의식 생태중심주의나 빗나간 웰빙주의'가 나타나고 있는 것도 사실이다. 그래서 생태복지 모델과 현대 생태운동의 한 메카인 원주의 생활협동조합 네트워크와 장일순 선생의 생명사상이 중요한 이유이다. 사목자들이 생태신학이나 영성이 중요하다고 말하면서 우리 신심과 영성의 이원론적 구조를 치유하려는 노력이 없는 한 우리의 실패는 반복될 것이다. 그러므로 토마스 베리의 우주 이야기를 통하여 모든 창조물 사이의 친교를 폭넓게 받아들이면서, '있다는 것인즉 축복이다. 산다는 것인즉 축복이다.'는 매튜 폭스의 원축복으로 우리 안에 있는 두려움과 소외를 치유하는 것이 현장사목의 레시피이다.

가톨릭 생태운동의
성찰을 통한
과제

떼이야르 드 샤르뎅은 20세기의 위대한 저서 《인간현상》에서 첫 인류는 처음으로 거울에 비친 자신의 모습을 알았을 때 전 세계가 앞으로 나아갔다고 하였다. 인간은 누구나 스스로 자신의 모습을 들여다보고 성찰하고 회개를 통해서 새로운 차원으로의 성장과 발전, 진화를 겪게 된다. 이는 비단 한 개인뿐만이 아니라 공동체도 마찬가지라 여겨진다. 생태계의 위기와 '환경의 황폐화'가 절망과 체념으로 몰아가는 것이 아니라 새로운 창조 계획을 위한 기회가 될 수 있다는 희망으로 지난 20년 간의 가톨릭 환경운동을 성찰하였으며 앞으로 우리 교회가 풀어나가야 할 중요한 과제들이다.

교회에서 벌이는 우리농산물살리기운동이 사회정의와 생태 정의가 하나의 미션 안에서 구현되지 않는다면 웰빙이나 무공 해를 찾는 이른바 돈 있는 사람들이 먹을 수 있는 부류들이 오 히려 공해를 유발시키는 사람들일 수 있다. 농촌을 살리고 농업 을 살리자고 시작된 유기농산물운동이 돈 많은 사람을 위한 운 동이란 비판을 종종 받은 적이 있다. 사회적 약자에 대한 진정 한 연민과 공감이 결여된 각가지 운동은 신분적 우월로 이해하 는 '현세적 특권주의'로 빠질 수 있다. 평신도의 참여 없이 생태 운동이, 소수의 예언자들에 의해서 주도되었던 운동들이 '사두 가이파'로 전도될 수 있음을 현장에서 겪었다. 가톨릭 교회 안 의 교계 제도가 주교단과 사제단, 수도자와 평신도가 마치 특권 이나 계급처럼 따로 분리될 것이 아니라고 본다. 우리 시대의 성직자나 수도자들이 신자들의 삶의 자리에 통섭되지 못하고 사변적 강론이나 자신에게 중요한 주제들을 마구 쏟아내면서 '신앙 공동체의 갈망'을 귀 기울이지 않는 채 진정한 소통을 막 은 실례가 많았음을 알게 된다. 본당을 녹화하려는 사목자의 의 지가 성모신심을 좋아하는 일반 신자들의 수준을 고려하지 않 고 일방적으로 밀어붙이다시피 하여 사목자가 떠나면 곧 본 자 리로 돌아가는 신자들의 관성의 법칙을 탓하고 원망하지 않았 는지 성찰하게 된다.

지난 20년 동안의 가톨릭 평화운동을 성찰해 보면 우리의 신학과 영성과 사목 안에서도 그동안 하느님의 창조를 구원에서 떼어놓고 신앙 실천을 강조하였고, 그 구원도 사람 중심으로 기획하였던 한계가 지금의 현장사목에서 그대로 드러나고 있는 현실이다. 이것이 우리 생태 복음화의 현실이다. 그 과제는 무엇인가? 창조로서의 구원과 구원으로서의 창조를 통합시킬 수 있는 방법과 과제다.

공동체 과제
- 히어라키에서 홀라키에로

지금까지 생태평화운동은 특히 4대강이나 강정 해군기지 그리고 반핵평화운동에서 성직자나 수도자 중심으로 현장에서 치열한 투쟁을 하였다. 그것도 일부 소수의 뜻이 있거나 깨달은 예언자들에 의해서 주도되었던 것도 사실이다. 전국 환경사제 모임에서 천주교 창조보전전국연대모임으로 확대한 것도 공동체가 성직자나 수도자 그리고 평신도가 따로 분리되지 않고 지역사회의 문화와 종교 주체들의 상호 존중에 입각한 공동체 연대 의식에서 비롯되었다. 그리스도의 지체肢體로서 형제적 사랑을 좁은 의미에서 그리스도교 안의 관계나 특수한 신분의 인간끼리의 배타적 형제애로 한정지을 수 없다. 그뿐만 아니라 생태운동을 하는 성직자나 수도자들이 낭만주의적 엘리트주의로 빠질 수 있다. 성직자가 그리스도의 대리자로 군림하는 성직주의에서 평신도 주체화의 뱃심을 어떻게 키워나가느냐에 따라 생태운동이 진작될 것이라고 본다.

실제 서양은 오랜 세월 동안 타락과 속량 중심에 길들여진 영성 신앙의 여정을 걸어왔다. 이 여정은 한국 천주교회도 개신교도 마찬가지이다. 20년 동안의 생태운동에도 불구하고 본당의 현장 속에 뿌리를 내리지 못한 근본 이유는 영육 이원론의 도식속에서 내세구령주의가 창조계 전체를 포용하지 못하게 하였고, 죄와 구원 도식에 갇힌 신학과 영성과 사목이 땅에 대한 사랑이나 이 우주 세계를 돌보는 일에 대해서도 결과적으로 무관심하게 만들어버렸다. 그러므로 새 우주론에 입각한 새로운 공동체의 건설이 과제라고 볼 수 있다.

토마스 베리의 우주 이야기에 의하면 개개의 미립자가 하나로 모여 전체를 구성하지만 입자 하나는 이미 전체의 구성 내용(차이화, 주체성, 관계성)을 포함한다. 이런 생명현상은 모든 창조물이 절대 유일신의 지배에 종속되어 구원되는 관계가 아니고 모든 유기체가 이미 생명의 창조, 거룩한 성소를 지니고 있어 자발적으로 분화되어 순환됨을 보여준다.

우주는 스스로 창조되어 스스로 진화되었다고 할 수 있다. 태초의 우주부터 각 부분은 공동체로 생겨 났고, 각 부분은 내면의 원칙에 따라 서로 결속된다. 식물 이파리의 세포와 잔뿌리

세포가 단일한 조직 활동에 개입되었듯이 부분과 공동체는 개별적 분화와 통합의 조화로운 양상으로 동시에 발전되어 왔다.

따라서 인간 중심으로 고립되고 단절된 이원론 신학을 바탕으로 하는 교회 공동체는 과거 위계적 계급적 사다리꼴 은총구조나 서구 가치의 계급구조에서 탈피해 자연계와 인간의 존재적 순환, 우주적 소통의 생태대를 향한 개혁의 길을 모색해야 한다. 곧 우주가 의식적 자아인식의 형태로서 내부에 갖춘 신비를 우리 스스로 사색하고 경축하는 역할을 수행해야 한다.

이제 교회는 이처럼 새로운 흐름에 눈을 돌려 인간 중심의 하나의 교회공동체라는 틀을 깨고 우주와 지구, 생명과 인간 공동

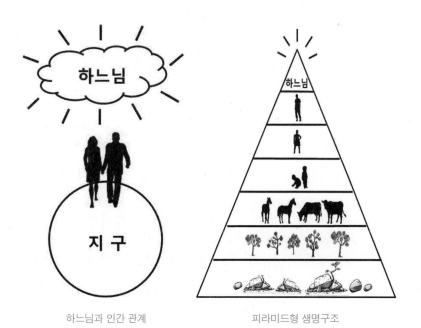

하느님과 인간 관계   피라미드형 생명구조

체 즉 궁극적 공동체는 우주 전체가 이루는 공동체를 펼칠 시대
가 왔다.

　최근에 그런 수도원 공동체를 창안하는 현상이 일어나고 있
다. 미국 뉴저지 주에 도미니칸 수도회 미리암 테레스 맥길리스
Miriam Therese Macgillis 수녀는 이 운동의 지도자이다. 맥길리스 수
녀는 우주 이야기와 이 이야기가 인간 존재의 의미와 사회 변혁
을 위해 갖는 의미를 탐구하는 프로그램을 발전시키기도 했다.

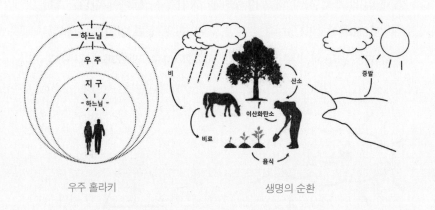

우주 홀라키　　　　　　　　　　　　생명의 순환

　자신이 속한 생태지역주의(bioregion)에서 생태적 감성을 갖추
고 자연 순환 절기에 따라 동화되는 실생활의 토착화 과정이 무
엇보다 중요하다. 덧붙여 우주의 신비, 새로운 우주 이야기를
탐구하는데 여러 종교와 물리·철학·예술의 사상적 경계를 넘
어선 소통의 몸짓, 진리를 함께 풀어내려는 공통의 위대한 작업
이 추진되어야 한다. 다른 종교 전통들과의 대화와 협력을 통해
사상적 경계만이 아니라 우주의 본성인 평등성에 기초해 누구

나 창조력을 출산해 낼 주역임을 깨달아야 한다. 평신도와 성직자, 남과 여, 지위의 고하 등 존재의 차별을 없애고, 양극으로 분리된 양성적 심성을 지양하여 우주의 본질, 즉 뭇 생명을 포용하며 존재의 평등한 사랑을 실천해야 한다.

　밀양 송전탑을 건설하려는 작업을 중단시키려는 현장의 모습은 이런 생태 공동체의 비전을 구현하고 있다. 지역 농민과 고령高齡의 지역주민, 성직자와 수도자, 전국에서 온 환경운동가, 타종교인, 어린이, 자원봉사자들이 함께 연대하고 있다. 특히 수도자들의 활동이 눈에 두드러진다. 토마스 베리의 생태대에는 생명을 잉태하는 여성의 역할, 소공동체 운동과 다양한 생태 영성의 활동이 활성화될 것으로 기대한다. 필자는 1995년부터 한국 천주교회의 소공동체운동과 생활협동조합의 모형을 결합하여 교회와 지역사회를 연결시키고 지역과 시민 사회와 함께 실천하는 생태 영성을 접목시키려 했으나 소공동체 즉 생태 공동체를 단순히 본당조직이나 교구조직을 효율적으로 운영하려는 위계적 의식구조 때문에 실패로 돌아갔다. 가톨릭 교회의 소공동체 운동이 실패로 돌아갈 수밖에 없는 이유는 소위 성경만 있고 그 안에서 말씀을 통해서 삶을 나눌 수도 있지만 일용할 밥(경제)을 통한 만남이 없기 때문이다. 밥은 곧 생태이다. 소공동체운동의 성패여부는 말씀의 구조와 생태의 구조를 통합시켜 이용훈 주교가 가톨릭 신문에 연재하는 협동조합으로 나아갈 때 통합적 생태복음화의 원리가 가동될 것이라고 본다.

사목적 과제

황종렬은 본당이든 교구이든 공동체이든 생태복음화의 원리
를 다음 5가지로 정리하였다.

첫째, 민족과 역사를 존중하는 생태 영성

둘째, 사회 정의와 통합된 생태 영성

셋째, 교회의 전통을 존중하는 생태 영성

넷째, 신앙 공동체의 갈망에 응답하는 생태 영성

다섯째, 지역과 시민 사회와 함께 실천하는 생태 영성

지역에 열린 본당사목

필자는 1990년대에는 대구 달서구 월배와 상인성당에만 5년
을 본당의 녹화라는 비전으로 투신하였다. 이후 5년은 천주교
대구대교구에서 가정·환경·생명 담당 겸 환경전담 신부와 우
리 농촌살리기 본부장으로 교구전체 사목의 기획자로서 투신
하였다. 5년은 본당에서 5년은 교구에서 이른바 생태 평화운동
을 주 테마로 기획하고 실천하였다. 2000년도부터는 1990년대
의 교구나 본당의 사목구조를 혁신하는데 소홀함을 깨닫고 2년
간의 유학과 대구 수성구 고산성당에서 4년 그리고 경산시 경
산성당에서 4년 동안 본당의 녹화비전을 지역 사회와 통합된
사목을 구현하는 방식으로 사목을 하였다. 본당의 녹화 프로젝

트는 생태 복음화의 원리인 '지역과 시민 사회가 함께 실천하는 생태 영성'으로 나아갈 때 성공할 수 있다고 본다.

본당 녹화를 기획하고 실천하였던 월배나 상인 그리고 고산과 경산성당에는 신자들의 추억 속에 있을지는 모르지만 거의 흔적조차 없다. 물론 달서구에는 푸른평화협동조합이 10년 동안 지역 속에서 살아 있지만 본당 구조와 별개의 조합이다. 본당신부가 떠난 다음에도 소비자협동조합으로 지역사회 안에서 자리 잡은 중요한 이유는 반복적 학습, 그룹 학습, 소 공동체 조직, 연구 발표, 사례 발표, 강연회 개최, 현장 체험, 저공해 비누 만들기, 유기 농법 생산지 방법, 농산물 직거래, 낙동강 탐사 등을 통해 지속적인 교육을 하였기 때문이다. 사목적 과제의 관건은 얼마나 교육을 계획적으로 기획하고 지속가능하게 반복적으로 의식화하는데 달려있다고 본다.

수성구 고산본당의 녹화 사업이 실패한 이유는 사목자 간 연대의 실패에서 비롯되었다. 분명하게 깨달은 것은 고산성당의 경우 지역 본당이 '지역 사회와 소통구조'가 살아 있을 때 본당도 활성화되고 또 본당의 녹화 기획이 활성화된다는 것을 보여주었다. 물론 고산성당에서도 소비자 협동조합은 아니지만 '생명의 공동체'의 형태로 생산자와 소비자 그리고 지역주민과 함께 농촌과 도시가 연대하는 방식으로 유기농 마켓을 열었다. 그러나 본당 신부의 마인드가 죄와 구원 중심의 콘셉트로 바뀌고 가톨릭 생태 평화운동을 일반 시민운동의 일환으로 이해하는 사목을 하면서 지역 사회의 소통이 막혔고, 그 본당과 지역도 활성화되지 않았다는 사실을 체험하게 된 것이다. 본당의 녹화 사업으로 고산본당 안에 재생센터인 늘 소박한 가게, 본당 화장실을 이용한 BM 활성수 플랜트, 본당 입구 태양광 가로등을 후임 본당 신부가 환경은 구원과 관계없다는 취지로 모두 제거해 버렸다.

그래서 고산본당은 사목자 간 연대의 축복을 누리지 못했다. 비단 고산성당의 경우만이 아니라고 본다.(사목자 간의 연대의 실패는 월배, 상인, 고산, 경산 네 곳의 성당에서 반복되는 실패였다. 사목기획의 일관성과 통일성의 혼란은 결국 냉담자와 냉소주의를 낳기도 한다.)

교회 안에 연대의 축복을 누리지 못한 이 실패는 얼마나 비효율적인가를 다시 한 번 자각하는 계기를 마련하였다. 앞으로 본당 안에서의 생태운동의 실천 방향을 정립하는데 이 점을 감안해야 한다고 생각한다. 필자가 본당 신부의 재임기간을 5년에서 10년으로 연장하도록 건의한 이유는 사목적 기획이 본당 공동체 안에서 좀 더 뿌리를 내릴 수 있도록 하기 위함이다.

가톨릭 교회의 장점인 조직을 어떻게 활용하느냐에 달렸다. 가톨릭 생태운동사에 있어서 성공사례인 동강댐 반대운동의 시작은 그 지역교회의 신자나 주민을 위한 사목활동에서 시작되어 다른 종교단체와 환경단체와 연계하게 되었다. 동강운동은 처음에는 환경에 대해서 무관심 했던 것들이 진행되는 동안 생태의 가치를 깨닫게 되면서 운동이 점차 전국적으로 확대되었다. 사목자의 생태 영성이 신자들을 생태운동으로 이끌 수 있고, 교회의 막강한 조직이 동원되어 성공적인 생태운동으로 발전할 가능성을 가지고 있다. 동강살리기운동은 가톨릭교회가 본당·교구·수도원·수녀원 등 잘 짜인 조직을 이용하면 운동의 확산과 응집력을 강화할 수 있음을 보여 주는 좋은 사례이다. 가톨릭 교회와 연대한 생태운동은 높은 신뢰감과 도덕성과 더불어 조직적인 도움을 받을 수 있다. 동강댐 건설 반대운동에서 보인 교구와 사제단, 수도회, 평신도들의 조직력과 시민사회의 연대야말로 가톨릭교회가 가진 생태운동의 장점이다.

비전 있는 사업, 공동체 재생 활동사업

한국 천주교에서 자주 여는 리사이클 운동인 '즐거운 불편' 또는 '늘 소박한 가게'가 있는데 각 본당에서 녹색 재생사업을 사목적으로 추진할 수 있다고 본다. 본당마다 지구마다 있는 '아나바다 센터'라든가 아름다운 가게, 산행순례, 자전거 축복식, 공정무역 제품 사기, '오병이어 가게', '늘 소박한 가게'는 영성과 삶을 잘 통합할 수 있는 녹화사업이라고 생각한다. 사목자가 사목적으로 성사주의나 성경주의를 넘어 자연주의를 잘 통합하면 우리의 신앙살이도 풍요롭고 치유적인 균형을 잡을 수 있다. 녹색재생 사업이 비전이 있는 것은 현대인들이 소비주의에 대한 중독에 역반응으로 조용한 혁명이 일어나고 있다. 그것은 사람들이 '자발적으로 단순하게' 삶을 지향하는 영성욕구가 부상하고 있기 때문이다. 더 자발적으로 산다는 것은 더 의식적으로, 더 심사숙고하여, 그리하여 목적 있게 산다는 것을 의미한다. 소비하고 낭비하기 보다는 자신의 내면적인 잠재력을 더 개발하고자 노력하고 문화와 예술의 창조적인 일에 더 몰두하게 될 것으로 본다. 그래서 자신의 장롱 속에 잠들어 있는 생활자재를 공유하려는 신물물교환 시대의 도래에 맞추어 본당에서 녹색리사이클링 선교를 통해 나눔을 실천한다면 생활 속에 생태영성과 삶을 실어 갈 것이다.

녹색선교

본당에서 기획하는 선교도 선교의 띠를 두르고 거리에 무조건 나갈 것이 아니라 지역에서 '지구 살리기 구체적인 프로그램'을 만들고 본당이 연대하여 '사회적 실천'을 해 나간다면 천주교의 이미지가 높아질 것이다. 이미지가 세상을 변화시킨다. 대리구별로 오병이어, 지구별 마켓과 협동조합, 웰빙 바자회, 매달 지구별 성당 농산물 직거래시장, 벼룩시장, 농민장터 등 지역과 본당을 이어주는 프로그램이 간접선교이며 교회의 이미지를 제고한다. 늘 절간처럼 비어있는 본당시설과 주차장만 있는 교구청의 자리를 사회적 기업 축제나 마을기업 박람회, 가톨릭 청년 일자리 창안 축제 등으로 시끌법적하게 만들 필요가 있다고 생각한다. 황창연 신부가 우리 교회의 환경운동이 신앙과 접목된 형태일 것과 대량소비의 삶의 양식을 바꾸는 생

활문화운동으로 방향 지어져야 한다는 것은 이와 같은 과제인
식이다.

레지오의 녹화

천주교의 신심단체인 레지오는 아주 역사가 깊고 모든 본당
마다 이 레지오가 건재하다. 심지어 어느 본당에서는 소년·소
녀 레지오가 있을 정도이다. 고산 본당에 있을 때 지역 소공동
체의 활성화를 위해서 여성 레지오를 소공동체로 전환시켜 보
았지만 원점으로 돌아갔다. 한때 레지오 단원들이 교회에서 왜
생태운동을 해야 하느냐고 비판한 적이 있었다. 교회와 환경운
동은 별 관계가 없다는 것이다. 신심과 신앙을 혼동하는 것도
문제지만, 문제의 원인은 비판하는 그들에게 있다기보다 교회
가 영성과 사회적 영역을 통합한 총체적 삶으로써 신앙을 가르
치지 않았기 때문이다. 참고로 안중근의 동양 평화론이나 정약
용의 실학영성이 바로 그것이다.

생태 여성주의(ecofeminism)의 부활과 더불어 '지구 어머니'와
'성모 마리아'를 연결시키는 작업을 통해 레지오에 지구살림의
역할을 주면 좋을 것으로 본다. 이러한 생태 여성주의에 대한
응답으로 토마스 베리는 우리에게 전통적 성모님과 지구 어머
니의 통합을 제안한다. 우리 의식 속에서 창조주 하느님과 어머
니 지구의 모상을 통합하고, 창조를 지구에서의 하느님의 내재
적 힘과 초월적 말씀 사이의 역동적 상호작용으로 인정할 때가

왔다. 그렇게 되면 지구는 다시 한번 하느님에 대한 우리 지식의 깊은 원천이 될 수 있으며, 지구의 여성성에 의해 지구와 우리 자신, 하느님에 대한 우리의 이미지를 개선할 수 있다. 모태 지구와 인간 간의 새로운 관계를 포함할 영성이 필요하다. 토마스 베리는 모태 지구와 전통적 성모 마리아를 새로운 관계로 연결하라고 제시한다. 지구와 마리아라는 두 가지 실재를 어떤 방식으로든지 반드시 결합시키라고 우리에게 요청한다. 지금까지 마리아의 존재는 지구 신화 과정과 분리되어 있었다. 우리의 영성생활에서 지구 어머니와 성모 마리아의 연결은 거의 없었다. 모태 지구가 어떤 역사적 인물과 동일시된다면 그녀는 성모 마리아다. 마리아가 지구에 대해 언급하는 말들은 힐데가르트 수녀의 저서에서 어렵잖게 발견된다. 중세시대의 서구 그리스도교처럼 여성의 신비에 그렇게 깊이 뿌리내린 문명은 없었다. 지구가 역사적 인간을 통해 구체화되려면 성모 마리아와 어머니 지구를 동일하게 여겨야 한다. 그렇게 되면 사목적으로 한국 천주교회의 레지오는 생태 여성주의에 응답하여 성모님과 지구 어머니가 만나게 될 것이다. 인식의 과제로서 먼저 현대 문명의 패러다임에 대한 비판담론으로서 에코페미니즘 즉 생태 여성주의를 배우는 것이다.

신학적 과제

20년 동안의 생태운동 현장에서 한결같은 문제가 제기가 되는 것은 생태신학이나 창조영성의 부재라고 지적한다. 사목자들의 타성이 되어 버린 사고방식과 인습적 언어에서 탈피하지 못한 탓으로 비판받기도 한다. '어릿광대와 불타는 마을'의 비유에서 보는 바와 같이 어릿광대의 광대옷이 문제라면 옷을 갈아입고 분장만 지우고 자연보호라는 띠를 몸에 두르고 외치면 문제가 간단하게 해결된다. 우리가 스스로 우리의 양심을 깊이 살펴보면 문제는 외양이나 사목의 스타일의 위기에 있지 않음을 깨달을 것이다. 신학과 영성, 강론과 성사집행이 내세우는 바가 우리 삶이 현실과 맞지 않아 전혀 겉돌고 있음을 인정하지 않을 수 없는 곤혹함이 바로 그것이다.

우리는 이제 그리스도교 신앙을 이전과는 다른 방법으로 설명할 방법을 찾아야만 하는 것이다. 참으로 어려운 점은 우리의 사고구조를 완전히 바꾸지 못하기 때문이다. 왜냐하면 성경에는 우리가 당면하고 있는 생태학적 위기 같은 것이 없었다. 또한 우주는 당연히 하느님의 계시로 이해되었다. 그러나 이런 생각은 점차 사라져버렸다. 오늘날 우리가 경험하는 자연은 파괴된 자연으로, 오염된 물, 매캐한 공기, 환경 호르몬의 먹을거리, 산성화된 토양들, 지구 행성은 파멸되어가고 있는 지구이다. 지금 우리가 필요한 것은 근본주의 신심이나 유사영성, 뉴에이지가 아니라 '지구영성', '행성지구를 위한 신학'이다.

"왜 이 지구에 대한 약탈이 그리스도 문명 속에서 일어났으며, 그리스도교적인 인생관 속에서 발생했는가?"

그러나 더 큰 문제는 우리가 지금 보고 있는 일들조차도 제대로 파악하지 못하고 있다. 기후 붕괴, 후쿠시마 원전 대 사고, 바다의 오염, 에너지의 위기, 더 강해진 폭풍우, 더 강력한 홍수, 더 강해진 태풍, 지구 사막화의 확장, 녹아내리는 극지방의 만년설로 인한 해수면의 파괴적인 상승, 70억 인구의 증가, 종의 대량 전멸, 자연자원의 탈취, 가난과 축소된 기회 등 오히려 우리는 지금 막 벌어지는 이런 재난들에 대해서 종교적으로 대응하지 못하고 있을 뿐 아니라, 이런 재난들의 시대의 표징에 대해서 전혀 읽어내지 못하고 있는 실정이다.

토마스 베리는 우리가 당면한 재난에 대해 이런 비유를 들고 있다.

"배가 침몰하고 있을 때에는 배 안에서 어떤 난관들이 있건 간에, 배고픈 사람들을 먹이는 문제가 어렵든지 간에, 지금 당장 배가 침몰하고 있는데, 우선 그 문제부터 손을 써야 한다는 말이다. 역사적 그리스도에 관하여 지나치게 관심을 기울이는 것은 당면 문제를 해결하는데 별 도움을 주지 못한다는 말이다. 우리는 자연을 읽기 보다는 아직도 성경책을 붙들고 있는 셈이다. 우리는 결국 책을 읽으면서 물속에 빠져 죽게 될 것이다."

토마스 베리는 오늘날 사태의 깊은 의미를 깨닫는 가장 좋은 길은 잠시 동안 만이라고 성경을 서가에 꽂아 두라고 충고하고 있다. 우리가 잠시라도 거리를 두고 보면 우리는 보다 큰 그림을 볼 수 있다. 다음과 같이 세 가지를 요약할 수 있다.

① 지구가 황폐하게 되었다.

② (린 화이트가 일찍이 지적한 대로) 이 문제를 해결하기에는 서구 사회의 영적, 도덕적, 인본주의적 역량이 미흡하다.

③ 새로운 질서, 새로운 패러다임이 태동하고 있다는 사실이다.

우리는 한국 가톨릭 생태영성의 여정을 살펴보면서 다음 3가지 사실을 주목하지 않을 수 없다.

첫째는 각 교구나 본당에서 기획한 녹화프로그램들이 본당 안에서 어떻게 생태활동을 할 것인가? 본당의 녹화를 위해 교구는 조직이나 교육을 어떻게 할 것인가? 라는 접근이다. 신학이나 영성의 문제보다는 환경보전교육, 자원재활용, 환경학교, 우리농촌학교, 본당대상 실천운동, 캠페인 전개, 환경윤리선언대회, 농산물직매장, 도농교류프로그램, 저공해비누생산, 사안별(4대강, 새만금, 송전탑, 핵 폐기장, 핵발전소, 제주도 해군기지 등)로 시민단체와 연대투쟁에 집중한 것도 사실이다. 이러한 생태복음화가 지역사회에 많은 영향을 준 것을 절대 간과할 수 없다. 문제는 이러한 모든 세부 계획과 활동과 대안을 담을 수 있는 틀이 부족했다는 사실이다. 환경문제를 위한 사목 방향, 교구의 실천강령, 본당의 세부지침 등 본당과 교구에서 환경에 대해 개량주의적 접근을 시도해 왔다. 급변하는 '신앙 공동체의 갈망에 응답하는 영성'을 포착하지 못했다는 것이다.

두 번째는 우리가 자연과의 관계를 회복하기 위해서 교회가 너무 지나치게 '관리자 직분의 개인윤리'를 강조하는 것이다. 이것 하라 저것 하지 말라는 식이다. 이것은 강을 공동으로 잘 보전하기 보다는 생수통을 들고 약수터를 찾는 것과 같다. 작은 것에 안주하면서 큰 것을 잃는 것이다. 농촌을 도와준다고 하면서 무공해만 선호하는 웰빙 부류들이 생태영성을 왜곡하는 것이다. 사회 정의와 통합된 생태 영성 즉 인간을 포용한 생태인식, 자연을 포용한 성의의식, 이 둘이 만나는 지평이 부족한 사목현장이다.

첫 번째와 두 번째는 경우에는 사목자마다 사목의 방향이 달라질 것이다. 영성에 따라 신학에 따라 사목자 본인이 선호하는 테마에 따라 본당에서 더 강조되거나 아예 무시되거나 환경은 신앙과 관계없다고 말하거나 개량주의적 접근이나 개인윤리 접근이 사목자의 종교적 감수성에 따라 천차만별로 벌어질 것이 뻔하다. 한국 가톨릭 생태운동사에 드러난 6가지 과제 중에서 신학적 과제가 우선이다. 왜냐하면 사목자들의 일관성과 통일성이 없는 것은 신학적 생태적 의식이 없거나 부족하기 때문이다. 그 무엇보다도 사목현장에서는 생태의식이 중요하기 때문이다. 융은 "개인의 역사에서처럼 집단의 역사에서도 모든 것은 의식의 발전에 달렸다."고 말했다. 그래서 우리가 접근하는 것은 다음의 세 번째이다. 토마스 베리의 주장처럼 패러다임의 변화이다. 신학의 근본을 바꾸자는 것이다. 매튜 폭스는 원복(Original Blessing)에서 두 물음을 던진다.

첫째는 우리의 지혜와 생존 추구에서 인류는 종교의 새 패러 다임을 요청하는가?

둘째는 창조중심의 영성전통이 그런 패러다임을 제공하는가?

우리를 변화시킨 것은 인간, 서구 문명, 아시아 대륙만이 아니라 지구 자체의 생태계, 지구 자체의 지질 심지어 지구 행성의 화학적 성분까지 변화시켰다. 그러므로 이런 변화와 파괴를 초래한 신학, 사상, 제도, 종교, 윤리 등 근본적으로 바뀌어야 하는 것이다. 가톨릭 교회 역사상 이런 변화는 처음 당하는 것이다. 떼이야르도 이것을 가리켜 사도 바오로 이래의 가장 큰 변혁이라고 표현한 바가 있다. '지금 일어나는 일들이 그리스도교 신학이나 그 밖의 다른 어떤 신학, 종교 생활, 혹은 윤리적 가르침에 미치는 영향은 지난 5천 년 동안 일어난 변화들 가운데에 가장 근본적인 변화이다.'

우리의 신학적 과제는 여기에 있는 것이다.

약 1,000년 만에 우리 앞에 등장한 교회박사이며 성녀인 힐데가르트 수녀의 통합적인 신학을 우리 시대에 어떻게 발효시켜 공유하느냐이다. 힐데가르트의 비전의 책 삼부작 교리서인《쉬비아스》(1141- 1151), 윤리지침서《책임있는 인간》(1158-1163), 그녀

마지막 저서 우주론인 《세계와 인간》(1163-1173)이 바로 그것이다. 떼이야르가 과학에서 신학으로 베틀을 놓았다면 힐데가르트는 정반대로 신학에서 과학으로 베틀을 놓았다.

힐데가르트의 저술에 대해서 가장 논쟁이 심한 부분은 자연과학과 의학에 관한 저술들이다. 1151년에서 1158년까지 '자연학'이라고 불리는 동물과 인간의 치료에 대한 작업과 '원인과 치료'라고 불리는 병의 원인과 치료에 대한 작업들이 동시에 우리에게 주어져 있다. 힐데가르드가 베네딕도 성인과 성 프란치스코, 토마스 베리나 떼이야르와 아주 다른 점은 신학자이고 과학자이지만 여성으로서 예술에 대한 시대적 갈망을 잘 알고 있었다. 다른 신학자와는 달리 힐데가르트는 한 가지 더 통합시켰다. 바로 예술이다. 77편의 작곡, 노래와 시, 미사 때 사용하는 응답송, 그녀의 도덕극 '성덕의 열'이라는 오페라, 더 특별한 점은 《쉬비아스》에 담긴 35개의 삽화, 《세계와 인간》에 담긴 9개의 삽화를 통해서도 힐데가르트의 종교적 예술적 감수성을 드러내 준다. 힐데가르트는 경계를 넘나드는 신르네상스인이며 만능인이었다. 모진 12세기의 격랑의 바람을 방관하지 않고 여성으로서 사회정의 실현을 위한 설교 여행과 자신이 뜻하는 바, 즉 비전을 끝까지 지켜 나갔다. 생태위기에 처한 이 행성지구를 구하는 길은 힐데가르트처럼 '진화하는 우주론'을 우리 신학에 통합하는 길이 그리스도교의 미래와 지구의 운명이다.

실제적으로 사목 현장에서는 토마스 베리의 서사시 우주 이야기는 교육적인 비전에 동반하는 것이 바람직하고 반면에 매튜 폭스의 창조영성은 본당 사목현장에서 벌어지는 죄罪 중심의 신심생활의 균형잡을 수 있는 즉문즉답卽問卽答이라고 생각한다. 그래서 신학적 과제로 폭스의 영성을 다루어 본다.

매튜 폭스Mattew Fox는 바티칸과의 갈등 때문에 20세기 말의 가장 입에 오르내리는 신학자들 중의 한 사람이다. 그리고 그의 저서의 내용은 여전히 논란의 여지가 있다. 폭스는 그리스도 구원사를 너무 창조, 죄-구원으로 단순한 문제로 다루기 때문이다. 그럼에도 불구하고 폭스의 발랄하고 재기 넘치는 작품인 '창조 영성과 원복'의 대중적 인지도는 대단하다.

폭스의 원복의 창조는 근본적이다. 특히 폭스에게는 거룩한 창조의 핵심은 모든 사물들의 관계에 관한 것이고 그 모든 관계들은 신성하다. 게다가, 창조는 생명을 갖게 된 모든 것들에 대한 하느님의 원축복으로 지구 위의 모든 존재들의 본질이다. '최초의 축복은 어떤 죄에 선행한다.'라고 쓰고 있다. 폭스는 진정한 그리스도교 영성은 원축복에 깊은 뿌리를 내린 것이며 새로운 패러다임을 제안한다. 그 패러다임을 그는 '창조 영성'으로 명명한다.

폭스의 생태적 인식은 창조 영성에서 발견되어진다. 폭스는 인류생태위기를 포함하여 심각한 현대 문제를 해결하기 위하여 새로운 형태의 영성을 요구하고 있다고 확신한다. 폭스는 생태에 대한 현대의 잘못된 개발과 파괴는 그리스도교가 원조라고 진단하고 그리스도교적 관점은 '타락과 구원' 전통에서 원죄에 대한 아오스딩의 영성과 관련되어 있다고 주장한다. 폭스는 창조 영성에서 원축복의 개념을 더 강조한다. 축복에 대한 폭스의 명백한 생태적 동기부여는 축복이야말로 친생태적이고 건강하고 지속가능하게 해주는 영적 힘이다. 특히, 원축복은 그리스도교 영성의 이원론의 관점을 극복하도록 도와준다. 그 이원적 관점은 세상으로부터 하느님과의 분리, 물질에서 영성의 분리, 지상에서 천국의 분리, 그리고 비인간에서 인간의 분리를 유발했다. 교구에서 매년 신년에 발표하는 사목교서나 주교단의 담화문은 여전히 인간 중심의 생명인식 패러다임이 폭스의 원축복 패러다임, 우주적 그리스도의 패러다임을 통해 전체를 보는 통합적 패러다임으로 바뀔 수 있다고 본다. 게다가 원축복의 개념은 우리로 하여금 인간의 몸을 포함하여 모든 물질을 긍정적 방식으로 생각하도록 촉진해주고, 창조의 경이로움과 풍성함 속에서 우리를 즐거움, 기쁨, 아름다움, 조화로 배려하도록 촉구한다.

한편 폭스도 떼이야르처럼 우주적 비전을 가졌다. 그는 토마스 베리의 새로운 우주 이야기를 통한 지구의 진화적 역사를 이해하고 인간을 포함한 '우주적 상호 관계성'을 중요하게 생각한다. 만유내재신론萬有內在神論은 당연한 귀결이다. 하느님은 우리 밖에 계시는 것이 아니라 '모든 사물들 안에 계시고 모든 사물들은 하느님 안에 있다.'라고 제안한다. 이런 견지에서 만유내지신론은 민주적일뿐만이 아니라 생태적이기도 하다. 만유내재신론은 우리로 하여금 자연과의 비이원론적이고 비기계적 관계를 갖도록 해준다.

게다가, 폭스는 모든 존재들의 본질적 관계는 '우주적 그리스도'를 향하고 있다고 언급한다. 폭스는 서양 종교의 패러다임의 전환을 역사적 그리스도에서 우주적 그리스도로 나아갈 것을 과감하게 주장한다.

다른 말로 표현하면, 모든 창조물은 우주적 예수님의 심부름꾼이며, 그리고 그 심부름꾼은 전체 우주에 퍼져있고 묶어준다. 그러므로 폭스는 '우주적 예수님은 모든 사물들 안에 있고, 그래서 모든 사물을 축복하는 것이 예수님을 축복하는 것이고, 사물들을 해치는 것은 예수님을 해치는 것이다'라고 말한다. 예수님을 십자가에 못 박음은 지구가 공해와 개발로 십자가를 져야 하는 현대의 고난의 상징이 된다. 그리고 부활은 대지인 어머니의 우주적 치유이다.

그의 작업은 그리스도교 영성의 형성을 위해서뿐만이 아니라 생태영성의 형성에도 특출한 기여이다. 폭스의 비전은 지구와 생태적 감수성에 명백히 독창적이다. 즉 창조 영성은 생태위기에 대한 좋은 해결책이 될 수 있다. 특히, 원축복에 대한 그의 강조는 창조의 선을 보여주고, 우리로 하여금 지구를 축복하도록 격려해주고 있다. 만일 이 생태적 모티브가 좀 더 구체적인 방식으로 우리는 좀 더 실질적인 생태 영성이나 생태신학을 드디어 기대할 수 있을 것이다. 또한 폭스의 우주적 비전은 우주에서 인간의 위치를 일깨울뿐만이 아니고, 모든 사물의 상호 관계성과 모든 창조 률의 신성함을 제시해줄 것이다. 이런 관점에서 인간들의 역할은 중요하다. 왜냐하면 우리는 창조의 치유자로서 행동하도록 요구되어지고 있기 때문이다.

죄와 구원의 틀은 우리 모두의 뼛속까지 새겨졌다. 실제로 서양은 오랜 세월 동안 죄와 구원, 타락과 속량에 길들여신 영성 여정을 걸어왔다. 우리 모두 익히 아는 터이다. 우리 한국 가톨릭도 예외 없이 그리스도교의 교리 교육과 강론 체계를 통해 이 길은 우리 모두의 영혼에 새겨졌다. 죄냐 아니냐의 구조 속에 우리 가톨릭은 갇혀 살았다. 매튜 폭스는 죄와 구원 패러다임에서 창조와 축복의 패러다임으로 전환할 것을 '원복'을 통해 우리에게 웅변적으로 역설하였다. 죄와 구원의 이원론 패러다임과 창조와 축복의 틀로 변형할 수 있을까? 아직은 우리 현실에서는 창조적 변형이 걸음마 수준이다. 창조와 축복의 틀은 뿌리가 아주 얕기 때문에 길게 멀리 호흡을 해야 한다.

우리 사목현장에서 체험하는 것은 죄와 속량의 틀에서 창조와 축복의 틀로 나아가고자 하는 이해의 폭과 포용심이 아주 약하다. 오히려 창조와 축복의 영성의 길을 뉴에이지나 범신론, 유사영성으로 매도해 버린다는 사실이다. 지금 우리 한국 가톨릭의 생태에 그리스도의 도래가 어려운 것은 아직까지 창조와 축복의 틀이 뿌리가 내리지 않았고 어떻게 이 틀이 깊게 뿌리 내리게 할 것인지가 신학적 관건이다. 또 원축복의 창조와 축복의 틀로써 한국 천주교회에서 생태와 인간생명을 분리하고 이원화하는 사목적 신학적 구조를 통합할 수 있다고 본다.

교육적 과제

현재 생태 위기는 윤리적이고 영적이다. 다른 말로 하면, 바깥〔外〕세상의 황폐화는 안〔內〕세상의 황폐화에 연관되어 있다. 그러므로 인간-지구의 관계를 다시 회복하려면, 우리는 현재 교육을 혁신할 필요가 있다 왜냐하면 인간 의식은 대부분 교육에 의해 형성되기 때문이다. 이런 관점에서, 교육에 있어 중요한 교회의 역할은 자연 세상과 친밀한 관계를 회복하는 것이다, 이런 임무를 위해, 교회는 교육의 대안을 찾아야 한다. 생태적 감수성을 향상시켜 주는, 그리고 생태 교육이 이것을 성취할 방법이 된다. 생태 교육을 위해, 우리 가톨릭 교육에서는 토마스 베리의 제안을 고려할 필요가 있다. 베리는 학교에서 우주의 이야기를 가르치는 것을 제안했다. 베리는 아이들이 진실한 인간과 지구 관계를 배우는 것을 중요하게 생각하였다. 우주 이야기를 통해, 그리고 우주에서 우리 인간만의 역할에 대해 깨닫게 되고 아이들에게 친밀성을 깨운다. 이러한 관점에서, 우주의 이야기는 생태 교육을 위한 필수적인 맥락이 될 것이다. 그리고 새로운 우주 이야기를 통한 종교 우주학이 생태 교육 추구를 위한 안내서가 될 것이다.

1990년 운동을 시작할 때 주로 '너는 ~을 해야 한다.', '너는 ~을 하지 말아야 한다.'는 강요와 명령조의 문구들이 강조되었다. 그러나 이러한 레퍼토리는 오래 가지 못했다. 지금도 이러한 대중요법을 많이 이용하는 편이지만, 사람들은 운동의 구호 아래 집단화되고 결국 용두사미가 되는 것이 운동의 일반적인 현상이다. 이는 존재 근거를 별 다당한 근기 없이 곧 당위의 문제로 환원시키곤 했던, 수천 년 이래 서양철학의 진부한 오류를 다시 범하는 것에 지나지 않는다.

공해의 무서운 현장, 오염된 물, 파괴된 생태계, 죽어 가는 숲 등만 제시하는 교육방법론 운동을 지속시키기 위한 좋은 동기가 되지 못했다. 충격 프로그램에 의한 반응은 방어와 억압, 부정으로 나타났다. 정서적인 관심이나 자발적 주체적인 관심 없이 이루어지는 학습은 빨리 소멸되었다. 이러한 관점에서 통합된 환경교육학은 어린이들의 감수성과 욕구, 청소년과 성인의 희망들을 진지하게 받아들여야 할 것이다 환경파괴에 대한 청소년들의 두려움을 조사한 결과 65%의 청소년들이 압도적으로 부정적 미래 표상을 갖고 있다고 한다. 두려움에 의한 행동의 동기화는 창조력을 마비시키고 제한시킨다. 그것은 장기간의 행동들을 위하여 필요한 능력을 어떤 힘의 원천도 될 수 없는

'절망'으로 변질시킬 뿐이다. 어린이들에게 생태교육을 할 때 부정적인 것을 통하여 장기적인 행동을 이끌뿐 아니라 '긍정적인 미래상으로 동기화'를 이끌어 낼 전략적인 필요가 있다. 단편적인 처방이나 도덕적인 질책은 더 이상 통하지 않는다. 교황 요한 바오로 2세께서 1990년 1월 1일 평화의 날 메시지에서 제시한 명상을 통한, 창조의 아름다움에 대한 성찰과 교육이 요청된다. "창조는 심미적인 가치 또한 간과할 수 없는 요소입니다."(14항) 이를테면, 시편 104장은 생태학적 공동생활의 창조주를 기리는, 말하자면 생태학적 찬양 시다. 교육은 발효시간을 필요로 한다. 속성 프로그램은 없다. 단순히 몇 개의 프로젝트를 통하여 아이들에게 생태적 감성을 가르칠 수는 없다. 이를테면 항생제를 투입하는 것이 아니라 생태적 감성을 키워 주는 것이 생태교육학이다. 교황 요한 바오로 2세는 1990년 담화에서 이렇게 말한다. "이러한 교육은 단순히 감상적이거나 공허한 바람에서 비롯되어서는 안 됩니다. 그 목적 또한 사상적, 정치적으로 흘러가서는 안 됩니다."(13항) 고상한 자연이 아닌 일상생활 안에서 머리로만 암기하는 자연이 아닌, 체험 위주로 풀어가야 할 것이다. 살아 있는 생물 모두가 다 가치 있고 중요하다는 자각을 부모로부터 한 번도 확인 받지 못한 자녀들은 나이가 들어서도 이것을 전혀 이해하지 못하게 된다. 그러므로 생태교육은 부모나 성인, 가정에서 '생태학적 소양'(Ecological Literacy)을 키우는 것에서부터 시작되어야 한다. 특히 일상에서 환경의 문제를 가장 많이 피부로 느끼는 여성들에 대한 교육이 필요하며, 교회는 '모성주의 경제학'이라든지 '생태여성주의'에 대하여 진지하게 경청해야 할 때라고 본다.

산자연학교는 '지역기반학습'과 '산지여정'을 아주 중요하게 교육과정으로 정한다. 지역기반학습은 학교와 지역의 생태, 경제, 복지, 역사, 마을기업, 사회적 기업을 연결시켜 학생들에게 배움과 생태교육을 현장에서 체험하며 '긍정적 미래상의 동기화'를 부여 하는 것이다. 그리고 1년에 두 번 학기마다 산지여정을 통해서 내가 먹는 것이 어디에서 생산되었는지 알도록 생산지와 생산자를 만나도록 한다. 예컨대 유기농 메뚜기 쌀을 매일 먹는다면 이 쌀의 생산지와 생산자의 이야기를 통해 왜 유기농 쌀인지 어떻게 생산되는지 가공은 어떻게 하는지 어떻게 유통이 되는지를 현장에서 생생하게 배운다.

사회적 실천은 사회교리 교육을 통해 이루어진다. 생태계 문제의 심각성을 느끼고, 그 원인을 파악하며, 환경 파괴가 하느님의 창조 계획을 파괴하는 행위임을 깨닫지 못한다면 올바른 행동이 나올 수 없다. 소공동체 모임에서 철저하게 사회과학적 교육을 해야 한다. 의식화 없이는 행동으로 나아갈 수 없다. 1990년 월배성당에서 푸른평화운동을 시작할 때 본당의 녹화 프로젝트를 통하여 본당 교우들의 의식전환을 위해서 신앙과 현실을 결합한 의식화 교육을 실시하였다. 실천은 교육을 통해서 이루어진다. 이것은 참 중요하다. 생태계 문제의 심각성을 식별하고, 그 원인들을 찾아내어, 환경파괴가 하느님의 창조계획을 파괴하는 행위임을 깨닫지 못한다면 올바른 행동이 나올 수 없다. 대구대교구 월배본당이나 상인본당이 1990년 초반부터 5년 동안, 지역과 전국에서 환경운동을 선구적으로 할 수 있었던 것도 사목자 개인의 노력이 있었기 때문이기도 하지만, 철두철미한 소공동체 모임에서 사회과학적인 교육을 하였기 때문이었다. 생활 속의 운동은 여성이 주춧돌이 되어 네 단계로 전개되었다.

1단계는 무서운 화학 - 화공약품 추방운동, 2단계는 유기농 직거래운동, 3단계는 청빈의 사회화, 즉 4R을 주도하는 되살이 운동, 마지막 4단계가 풀뿌리 생명 공동체 운동이다. 이 운동은 상인 동 지역에 10평 정도의 작은 건물 을 임대하여 푸른평화 마켓을 만들

> **4R**
> 다시 쓰고(Reuse), 줄이고(Reduce), 재활용하며(Recycle), 환경파괴 물자를 거절(Reject)하는 운동.

어서 이 4단계를 지역시민과 성당교우들이 함께하여 실현할 수 있도록 하였다. 이 매장은 결국 나중에 본당의 소공동체 즉 '반모임'을 통한 생활협동조합의 전신이 되었다.

일반 교육과 마찬가지로 종교 교육에 있어서도 '인간 중심주의 교리'만을 가르치고 있다. 우리 시대의 종교 교육에 있어서

가장 시급한 과제 가운데 한 가지는 폭넓은 영성과 창조신학을 구현하고 전달하는 방법을 마련하는 것이다. 창조가 구원에 배치되는 것이 아니라 창조가 구원을 더 충만하게 만들어 감을 교육할 필요가 있다.

종교와 교육 문제에서 생태위기 시대에 십계명만으로는 충분하지 않다. 이를테면 십계명 안에는 생태운동과 실천에 대한 방향을 지시하는 계명은 하나도 없다. 《가톨릭 교회 교리서》의 총 2865항 중에 단 4항(2415항-2418항)에서만 자연계에 대한 존중을 언급하고 있을 따름이다. 〈사도신경〉도 우리에게 아무런 방향을 제시하지 않는다. '전능하신 천주 성부 천지의 창조주를 믿나이다.' 이 다음에는 사도신경에는 구원에 관한 긴 선언이다. 필자는 신학대학에 다닐 때 아래로 혹은 위로부터의 구원 그리스도와 무류성 같은 교회론, 교회법, 윤리신학 등 신학용어들을 암기했다. 그러나 자연세계에 관한 의미 있는 것은 전혀 배우지 못했다. 지금도 신학생들과 종교학을 듣는 학생들은 각 신학대학이나 수녀원, 수도원의 강의에서 '타락과 속량 중심' 신학들을 배우고 있다. 가톨릭 계통의 서점에서도 종교, 성모 마리아, 영성, 기도, 성서, 교리 등이고 세상의 온갖 것에 관한 책은 발견할 수가 없었다. 있다 하더라도 생태문제는 맛보기로 다루어졌을 분이다.

신학대학의 교과 과정은 성서에 전적으로 바탕을 둔 구원론 강좌가 주를 이루고 있으며, 그 내용은 인간이 세상을 초월하는 데 구원이 어떻게 작용하는가를 다루고 있다. 하지만 이런 상황은 오래 지속될 수 없다. 플라톤, 플로티노스, 성 토마스 아퀴나스, 성 아오스딩과 보나벤투라의 구원론에는 창조와 축복 중심의 영성이 결여되어 있다. 이로 인해 창조적인 진화의 힘으로부터 고립되는 결과만을 낳았고, 과학적인 세계의 문제는 영성을 배제하고 물질에만 집착하게 되고 말았다. 두 세계관이 다시 만날 필요가 있다. 종교는 구원론에서 창조론으로, 그리고 과학은 기계적 우주관에서 신비주의로, 통일적인 우주관으로 나아간다면 생태계 위기의 사상적 질병을 극복할 수 있다고 본다. 왜냐하면 구원론의 입장에서는 이 세상은 사악한 장소라고 하여 파괴할 것이며, 기계적 우주관은 이 우주를 분석과 기술의 대상으로 파괴하기 때문이다. 이 같은 구원론과 기계적 우주관은 이 우주가 신비하며, 계시의 과정에 있으며, 생명의 그물망을 가지고 있다는 것을 거부하고 있다.

토마스 베리는 우주에 대한 전통적인 이야기가 장구한 세월 동안 우리의 의식을 지탱해 주었지만, 현대의 거대하고 다원화된 사회에서 더 이상 제 기능을 발휘하지 못한다고 진단한다. 구원 중심의 세계관은 막을 내리고 있다. 프톨레마이오스의 우주론은 흑사병이 일어났던 14세기 이전에는 수용되었다. 서구는 1347년 흑사병 사건으로 인해 구원론을 지나치게 강조했다.

창조론의 중요성은 점점 더 줄어들게 되었으며, 그 결과 교리 체계의 균형이 무너졌다. 그리하여 인간의 고통에 대한 그리스도의 구원을 갈망하는 '초월적' 정신 자세가 16세기의 종교개혁과 17세기의 청교도주의, '얀센주의'에서도 계속 이어졌다. 이 얀센주의는 한국 교회의 첫 시작에 깊은 영향을 미쳤는데, 인격을 갖춘 구세주, 영적 생활, 구원을 희구하는 사회에 대한 지나친 편향성이 지금까지 한국 교회에 자리 잡고 있다. 사목현장에서 생태운동과 신앙살이의 깊은 괴리는 바로 여기에 그 이유가 있는 것이다. 원죄보다 먼저 '원축복'이 있었음을 배우는 '창조영성의 교육적 과제'가 중요한 이유기이기도 하다.

또 한 가지, 우리는 지금까지 역사적 그리스도 이야기가 단순히 특정한 역사적 시간 속에서 존재한 한 개인의 이야기임을 배웠다. 여기에는 진화하는 우주 이야기가 전혀 없다. 아마도 사도 요한이나 바오로 사도 역시 그 당시 세계관에 제한되어 있었기 때문일 것이다. 우주는 단 한 번 지어졌고, 고정된 시간 속에서 되풀이되는 시간이었으며 진화하는 시간이 없었다. 우리 역시 아직도 우주를 진화하는 시간으로 받아들일 수 없다. 아직도 우리는 18, 19세기 물리학자들이 바라본 방식으로 우주를 바라보고 있다. 바로 이것이 큰 문제이다. 성 요한은 우주를 빛과 어둠 사이의 투쟁으로 설명하였지만, 우주에 대한 공간적 이해로부터 시간적으로 진화하는 우주로 이동하는, 즉 진화하는 우주를 그리스도 이야기로 직시할 수 있었던 최초의 신학자는 떼이야르 드 샤르뎅이다. 본당마다 교리교육이나 강론들 속에서 드러나는 지나치게 강조된 구원의 이야기는 창조와 축복의 이야기로 균형을 잡을 필요가 있다. 산자연학교 교육과정에 '우주 이야기'를 기본 교재로 설정한 것은 미래 세대를 위한 준비 때문이다. 오늘 우리 시대에 취하는 행동은 결국 미래에 닿는다. 숀 맥도나휴Sean McDonagh는 그의 저서 《땅의 신학》에서 '우리가 지금 지구와 땅에 대한 존경의 결여缺如는 앞으로 올 세대들에게 불의로 나타난다.'라고 지적한 것도 지금 생태교육이 지속 가능한 미래를 준비하는 것이다.

토마스 베리는 생태 시대의 미국 교육에 대해서 '하루빨리 이런 식으로 교과 과정이 이루어져야 할 필요성은 아무리 강조해도 지나치지 않는다.'고 했다. 그 교과 과정은 새로운 이야기 즉 이 이야기는 우주가 어떻게 출현했고, 특히 행성지구에서 발전의 현 단계까지 어떤 변화를 거쳐 우리 시대 인간 지성 안에서 인식되었는가를 말해 준다. 그러나 현재 대학은 각종 프로젝트나 역량사업으로 인해 오히려 학생들을 자연계에 대해여 친밀한 존재가 되도록 가르치는 것이 아니라 자연계에 대한 인간의 지배를 확장시키는 역할을 하도록 가르치고 준비시킨다.
university에 universe가 없다고 토마스 베리는 말 한 적이 있다. 베리는 현대 교육 시스템이 변해야 한다고 주장한다. 그에게 있어 교육의 가장 중요한 목적은 더 커다란 현실 속에서 주어진 역할 수행을 제대로 하는 것이다. 특히 베리는 대학 개혁의 중요성을 강조한다. 대학은 쇠퇴하는 산업사회에서의 일시적 생존을 위한 훈련을 하는 곳이 아니라 지구 공동체의 통합적 기능 속에서 인간의 역할이 무엇인지에 대해 교육하는 장소가 되어야 한다.

토마스 베리의 지구의 꿈에서 교육을 다룬 쟁점 사항들을 살펴보면 더욱 분명해 진다. 지금까지 우리의 교육이 우주나 지구를 양적인 개념으로 파악하고 있다는 점이다. 신비와 경이, 유기체로서의 지구에 대한 의식은 최근까지 거의 인정을 받지 못하고 있고, 이른바 자연세계에 대한 약탈과 분석적인 환원주의 우주관이 그 주류를 이룬다.

교육 내용이 전체적으로 보완될 필요가 있다. 병원에서 환자를 전체적으로 진찰하지 않고 일부분만 검사하는 것처럼, 그리고 종합병원의 각 과처럼 인간을 해부학적으로 검사하고 환원적으로 분해할 것이 아니라, 신학의 내용도 종합병원처럼 하나하나 따로 배울 것이 아니라, 통합된 인간, 우주 속에서 인간의 위치, 우주적 그리스도, 우주와 인간과의 관계를 회복하는 방향으로 나아가야 할 것이다. 마리아 몬테소리는 '아이들에게 그렇게 많은 것을 주기를 원한다면 우리가 아이들에게 전체 우주의 비전을 주게 하라.'고 말했다. 우주를 경험하는데 있어서 아이들의 탐구에서 마리아 몬테소리는 진화론에 대한 통합적인 교육 프로그램의 기본적인 방향을 찾았다. 몬테소리는 1936년 자신의 에세이 시리즈인 '인간 잠재성을 교육하기 위해서'라는 주제에서 6살 어린이는 그 자신만의 우주의 중심을 경험하는 것을 필요로 한다고 밝히고 있다.

전례적 과제

신학적 과제가 안으로 움직이는 깨달음과 성찰이라면 전례적 과제는 밖으로 움직이는 공동체적 표현과 일치의 양식이다. 6가지 과제가 별개로 일어나는 것이 아니라 가장 집약적으로 동시에 드러나는 것이 전례적 과제이다. 전례적 과제는 미사나 기도문, 성가의 경우에 더 확실하게 그 틀을 볼 수 있다. 사목자들이 사용하는 미사 통상문에 수록되어 있는 30개의 감사송을 분석해 보면 알 수 있다. 거의 대부분 구원에 대한 감사송이다. 연중 주일 감사송 '창조'와 연중 평일 감사송 '인간을 창조하고 구원하신 하느님께 드리는 찬미', 연중 평일 감사송 4 '하느님의 은사인 찬미' 고작 3개뿐이다. 매튜 폭스가 지적한 죄와 구원의 패러다임에서 이원론적인 감사송이 거의 미사를 지낼 때 마다 이루어지고 있다. 이를테면 '우리의 생명이요 구원이신 그리스도', '그리스도안에서 이루어진 구원의 신비', '구원의 신비', '구원의 역사', '사람이신 그리스도를 통한 구원' 등과 같은 감사송은 지구에 대한 공감대가 빠져있다.

매튜 폭스는 서양의 예배를 구원하는 여섯 단계에서 첫 단계를 모든 예배를 우주론의 바탕 위에 재정립해야 한다고 주장한다. 사실 우리 미사는 인간중심주의적이다. 매튜는 다시 주장한다. '예배의 본질적 역할은 소우주와 대우주를 다시 결합시키는 것이다. 이러한 재결합은 우주 안에 우리가 실존한다는 놀라운, 그리므로 경배스러운 사실에 대한 감사와 찬양이라는 배경 안에서 이루어진다. 예배는 소우주(인간)가 대우주(우주와 우주의 모든 창조된 놀라운 것들)에 대해 감사하는 것이다.'

문제는 바로 이것이다. 사순절의 감사송(2)에서 하느님께 당신이 쓰는 우리에게 '잠시 지나가는 현세 사물보다는 영원한 사물에 정신을 쓰게 하셨나이다.'라고 진술한다. 이 기도문은 명백한 이원론의 기도문이다.

대림 2주일 영성체 후 기도문 '지상의 것을 슬기롭게 이용하여 천상의 것들에 마음에 두도록' 하라고 권고를 받는다.

이렇듯 많은 전례 기도문들은, 자연 세계에 대해서 무심하게 지나쳐 버리고 있다. 숀 맥도나휴는 '땅의 신학'에서 이렇게 비판한다. 그래서 교회는 의도적이지는 않지만 지구를 파괴하는 이들의 행태를 정당해 주고 있는 것이다. 만일 참된 실재의 세계가 이곳 이외에 다른 어디에 있고, 이 세계는 덧없고 중요하지 않는 것이라면, 우리가 이 세계를 어떻게 다루는지 그것은 거의 문제 될 것이 없어지고 마는 것이다.

연중 제 17주일의 다음과 같은 기도 내용은 창조계의 아름다움 속에서의 하느님의 현존을 감지하고 있음을 보여주는 기도의 한 훌륭한 모범이다.

"하느님, 우리 아버지, 창조계의 장대함과 인간 삶의 아름다움 속에서 작용하고 있는 당신의 손길을 볼 수 있도록 우리의 눈들을 열어 주소서. 당신의 손길이 닿은 이 세계는 거룩하나이다. 우리를 에두르고 있는 이 모든 선물들을 소중히 간직하고… 당신의 현존 속에서 삶의 기쁨을 체험하도록 우리를 도우소서."

다음에 소개하는 감사송은 우리가 4대강을 위한 생태미사를 봉헌할 때 사용한 것이다. 성 프란치스코의 태양의 노래와 4대강의 아름다움을 통합한 아름다운 감사송이다.

지극히 높으시고 전능하시며 선하신 주 하느님,
주님께 모든 찬미와 영광, 영예와 감사를 드립니다.
주님께서는 세상만물의 창조주이시고 우리 생명의 어버이이시니 찬미와 흠숭을 받으옵소서.
주님의 모든 창조물, 특히 밝은 빛으로 세상을 밝히며
저희를 주님께 인도해 주는 형제인 태양을 주심에 찬미하나이다.

아름답고, 위대한 광채로 만물을 비추어주는 태양 형제는
가장 높으신 주님을 보여주는 표지이옵니다.
하늘에서 맑고, 아름답게 빛나는 자매인 달과 별들,
형제인 바람과 공기와 구름, 높고 푸르른 창공과 깊은 바다,
봄, 여름, 가을, 겨울 계절의 변화,
형형색색의 꽃들과 온갖 종류의 과일과 곡식을 내며
우리를 기르고 생기를 주는 어머니인 땅을 주심에 감사드리나이다.
이 모든 것, 주님께서 주신 생명의 축복입니다.

참으로 유용하고 겸손하며 귀하고 순결한 자매인 물,
이 민족의 역사와 함께 유유히 흐르며,
마을을 만들고, 문화를 낳고, 생명을 기르며
민족의 꿈과 소망을 함께 하여온
낙동강, 영산강, 금강, 한강.
아름답고 푸르른 어머니 품과 같은 강을 주심에 감사드리나이다.

밤낮으로 아버지를 섬기는 무수한 천사들도
주님의 그 빛나는 얼굴을 뵈오며 끊임없이 당신을 찬양하오니
저희도 천사들과 형제자매인 모든 창조물과 더불어 기뻐하며
아버지의 이름을 찬송하나이다.

  토마스 베리는 전례적 과제로 우주의 진화적인 것과 자연의
순환적인 것을 통합하기 위해서 약 138억 년 전 시작된 우주와
지구를 존재하게 만든 일련의 변혁 사건을 통해 지속된 우주 이
야기에 기초한 전례가 필요하다고 말하면서 마치 제2의 출애굽

처럼 그리스도교 세계에서 깊은 정신적 변혁을 발생시킬 것이라고 기대한다. 전례적 과제는 기도와 찬미의 패러다임의 전환이다.

"동틀 때와 해질녘, 여명과 어스름이 나타나는 하루의 순환이 있다. 이 하루의 순환이 의식이 깨어나는 신비한 시기, 꿈이 이야기되는 밤으로부터 공동체를 이끌어 내는 인간 공동체는 밤의 꿈을 통해 길잡이를 제공받고는 한다. 또한 태어남과 성숙과 죽음이, 겨울의 동지, 봄의 쇄신, 여름의 충만, 가을의 추수에 반영된 각 생명 형태의 계절적 순환 형태로 찾아온다. 마지막으로 태양을 도는 지구의 운동에 따른 행성 차원의 순환이 있다.

어느 사회도 인간이 우주와 친교를 이루는 은총의 다양한 순간에 대해 충만한 표현을 갖지 못했지만 인간 사회는 나름대로 더욱 큰 생명 공동체와 그들 사이에서 친교를 이루고 있었다.

지금 우리는 우리의 제2의 탈출을 이루도록, 진동하는 우주적 전례로서의 온 창조계로 귀환할 소명을 받았다."

우리 가톨릭 입문 성사인 세례식의 기도문은 너무 딱딱하고 자연과의 친밀감에 대한 표현이 거의 없다. 그리고 우리의 미사 예식에는 인간의 원초적 양식인 자연과의 일치가 없다. 부활전야 축일에는 물을 축성하는 예식이 있긴 하지만, 자연세계를 무시하거나 그 의미를 부여하지 못하는 문제가 여전히 남아 있다. 토마스 베리 신부는 그의 저서 《지구와 친구 되기》에서 세례성사 문제를 '세례성사는 사실 우리와 하느님을 이어주며, 우리가 신앙 공동체를 준비하도록 한다. 그러나 이것이 완벽하게 만족스러운 출발 예식은 아니며, 우리가 자연 세계와 실질적 관계를 맺게 하지 않는다. 우리는 물을 사용하지만 정확히 물과 아무 관계를 맺고 있지 않다. 우리는 물을 정화의 상징으로 사용하지만, 물 자체에 대한 명상이나 고마움 없이 지낸다.' 라고 지적한다.

연못 속의 물은 우리가 그 물을 축복했기 때문에 축복 받은 물이 아니라, 그 물의 존재 자체를 하느님께서 축복해 주셨기 때문에 우리가 축복 받은 것이다. 우리가 창조를 거룩하게 만드는 것이 아니라, 우리로 하여금 거룩하게 만드는 것이 바로 창조인 것이다.

내가 일하고 있던 교회에 세례를 할 수 있을 만큼 큼직한 새 세례용 연못이 설치된 지 얼마 되지 않아 발생한 한 사건을 나는 기억하고 있다. 어느 일요일 아침, 나는 그 연못 앞에 서 있었는데, 어떤 나이든 여인이 들어오더니 그 연못에서 물이 들어왔다가 나갔다가 하는 것을 경이로운 표정으로 바라보는 것이었다. 그녀는 나에게 이렇게 말했다. "이 물은 축복 받은 물인가요?" 나는 "그렇습니다. 하느님께서 축복하신 물이지요."하고 대답했다. 잠시 말없이 그녀는 큰 연못을 바라보더니, 의문스럽다는 듯이 말했다. "저 물이 몽땅 다 그렇단 말이예요?"

축복이라는 우리의 전례예식은 우리의 전례예식에서 사용되어질 때 단지 창조의 신성함을 인식하는 것인 것이다. 모든 창조물이 지닌 신성함에 대한 보다 깊은 인식은 지구에 대한 우리의 태도에 대한 도전으로 이어진다.

토마스 베리 신부는 젖먹이를 우주의 네 방향에 바치는 오마하 인디언들의 예식에 주의해 보자고 했다. 그들은 아이를 하늘과 대기, 이 지상과 대지 밑바닥에까지 바친다.

북아메리카 평원에 살던 오마하족의 탄생기도는 창조와 축복이 넘친다. 이 부족은 아기가 태어나면 갓 태어난 아기를 하늘 아래로 데려가서 우주에 바친다.

> 당신, 햇님과 달님과 별들이여,
> 당신, 하늘에서 움직이는 모든 것이여,
> 당신께 귀 기울여 주시기를 청합니다!
> 당신 품으로 새 생명이 찾아왔습니다.
> 오!
> 우리 모두 당신께서 허락해 주시기를 간구하오니
> 그의 길을 평탄케 하시어
> 그 생명이 첫 언덕 마루에 무사히 닿도록 이끌어 주십시오.
> 오! 당신 바람과 구름과 비여,
> 대기에서 움직이는 모든 것이여,
> 당신께 귀 기울여 주시기를 청합니다.

당신 품으로 새 생명이 찾아왔습니다.
우리 모두 당신께서 허락해 주시기를 간구하오니
그의 길을 평탄케 하시어
그 생명이 둘째 언덕 마루에 무사히 닿도록 이끌어 주십시오.

이 같은 간구懇求는 언덕과 강과 나무, 그리고 지구에서 사는 모든 것을 부르면서 아기가 셋째 언덕에 이르도록 보호해 주시기를 간청하는 형태로 이어진다. 공중에 나는 새와 크고 작은 동물, 숲에서 사는 것, 풀 사이를 움직이는 곤충, 이 모든 것을 불러내고는 마지막 청원을 통해 모든 곳에 있는 모든 창조물이 아기를 돌보아 주기를, 그리하여 아기가 넷째 언덕을 넘어 여행을 완수하게 해주시기를 간구한다. 이 유산은 우주를 전례적 현존으로 받아들이는 오마하족의 중요한 인식을 보존하고 있다.

또한 현재의 전례력은 북반구에 맞추어진 것이다. 서양 절기보다 우리 절기, 세시 풍습, 민족의 기념일을 전례력에 반영할 수 있어야 한다. 우리 민족의 큰 명절인 설은 북반구에 절기에 맞추다 보니 따르는 문제가 설과 정월대보름 한가운데에 사순절의 재의 수요일이 끼여 '축복의 설과 죄와 속량의 재의 수요일' 사이에서 교회력을 따르자니 우리의 세시 풍습이 그렇고 우리의 명절을 따르자니 교회력이 그렇고 둘 사이에서 어느 쪽을 존중해야 할지 사목자들이 딜레마를 겪고 있다. 민족의 역사와 전통을 존중하는 생태 영성으로 나아갈 때 보편교회 속에 우리

교회의 자연 영성을 통하여 하느님의 생태학을 풍요롭게 할 것이다. 전례신학과 우주 이야기를 기초로 한 창조 중심의 영성의 만남은 새로운 신학을 촉진하게 될 것이다. 이를테면 개인적으로나 집단적으로 용서와 죄의 경험에 지나치게 집중하는 구원의 범주를 넓혀 창조에 초점을 맞춤으로써, 전례신학을 우주적 재생과 부활까지 포함하는 개념으로 확장할 수 있다. 먼저 우리가 즐겨 부르는 성가의 범주를 확장할 필요가 있다.

청소년과 청년 성가집《젊은이여 노래하라》633개 곡의 가사를 분석해 보면 죄와 구원의 패러다임에 속하는 성가는 496곡에 해당되고 나머지 138곡은 넓은 범주에서 창조와 축복에 속하는 곡이다. 특히 죄를 강조하는 성가, 이 세상 모든 것은 부질없고 천국에서 영복을 누리리 등 이런 식의 이원론을 조장하는 곡도 적지 않았다. 근본주의에 대한 두려움에서 자비와 신뢰, 찬미와 감사를 표현하는 곡들이 필요함을 성가집의 곡에서 볼 수 있었다. 매튜 폭스는 우리를 자유롭게 하는 선물《창조영성》이라는 책에서 창조영성의 선물은 신비주의에 이르는 각성이라고 지적하면서 인간은 삶의 찬양과 경외감 없이는 기품 있고, 평화롭고, 기쁜 마음으로 또는 바른 자세로 살아갈 수 없다고 말하였다. 그래서 미사 중에 우리의 성가가 신비주의를 체험하는 장으로 성가곡은 은총의 넘침, 다양성, 상호 연계성, 팽창과 확대, 역설과 유머, 아름다움에 대한 곡들이 작곡되어야 한다. 이러한 맥락에서 매튜 폭스는 '우주적 미사'를 창안하였다.

윤리적 과제

지난 2천 년 동안 그리스도교의 전통은 인간을 중심으로 해석했고 오히려 사람들은 노예제도를 정당화하는 것과 똑같은 방식으로, 자연의 파괴를 정당화하는 데 성경을 이용했다. 문제의 핵심은 그리스도교가 이 세상에 존재하는 종교 가운데 가장 인간 중심적인 종교라는 데 있다. 린 화이트 교수는 오늘날 우리가 말하는 생태문제의 근원은 종교에 있으므로 그 치유도 종교적이어야 한다고 지적하면서 성 프란치스코의 '우주적 평등주의'를 그 대안으로 제시하면서 생태윤리의 정립을 역설하였다.

우리의 십계명은 '살인하지 말라'이며 불교의 계명은 불살생 즉 '살생하지 말라'에서도 인간중심주의가 드러난다. 지난 20년 동안 한국 가톨릭 교구에 발표한 교구장의 신년사나 사목교서를 살펴보면 인간중심윤리가 확연히 드러난다. 그 예로 가톨릭에서 줄기차게 주장해온 낙태반대운동이나 모자모건법에 대한 문제 제기도 우리 그리스도교가 얼마나 인간중심주의윤리인지 보여준다. 가톨릭 신자들이 보는 7성사 중에 고백성사를 들어보면 거의 십계명에 대한 죄고백이다. 과식이나 육식 그리고 과소비에 대한 죄의 고백이 거의 없는 실정이다. 신자들의 생명윤리에 문제가 있기보다는 우리 교회가 생태윤리를 신자들에게 가르치지 않았기 때문이다. 그래서 새로운 윤리신학이 필요하다. 숀 맥도나휴는 새로운 윤리신학을 이렇게 말한다. '오늘 이 시대의 윤리 체계가 우리 시대의 문제들과 동떨어져서 맞지 않는 것이 되지 않기 위해서는 과거의 전통적인 윤리 입문이나 윤리신학에서 찾아볼 수 있는 것보다 훨씬 더 폭넓게 적용할 수 있는 여러 준거들을 갖추지 않으면 안 된다.'

　도덕적 고려의 주체를 폭넓은 범위로 확대할 필요가 있다. 윤리적 표현은 하느님·천사·성인·사람들에만 해당된다고 생각하는데 사실은 모든 것이 나름대로 거룩한 가치를 지닌다. 프란치스코 성인은 인간 외의 존재도 '형제자매'라고 표현했다. 사람을 잡아먹는 늑대까지도 그리스도교 공동체의 한 구성원으로 생각하여 달래기도 했다는 것이다. 그리고 프란치스코 성인은 땅을 표현하는 데 '어머니'라는 용어를 사용했다.

　힐데가르트는 만물의 근본구조를 비리디타스viriditas라고 표현했다. 이러한 사고방식은 이전 그리스도교 역사에서는 찾아볼 수 없다. 우주적 평등주의 영성은 현대 물리학에서 우주 만물이 하나로 연결되어 있다는 유기체 학설은 현대 우주 이야기와 동일하다.

　오늘날 우리 종교가 창조영성을 기초 윤리신학의 새로운 틀로 잡지 않는 한 새로운 생태 시대의 비전을 주지 못할 것이다.

　　"이제는 행성 전체의 맥락, 즉 인간과 인간이 아닌 다른 구성요소들 사이를 통합적으로 이해하기 시작해야 한다. 그것은 매우 시급한 일이다. 윤리학 또한 포괄적인 공동체를 좌우하는 원칙과 가치로 이해해야 한다. 인간의 윤리학은 더 큰 공동체의 질서를 잡기

185

위해 합리적인 차원에서 표현되는 방법에 관심을 갖는 것이어야
한다. 생태학적 공동체는 인간 공동체에 종속되는 것이 아니다. 그
리고 생태학적 의무가 인간 윤리학의 파생물도 아니다. 그보다는
오히려 인간의 윤리학이 생태학적 의무의 파생물이다. 기본적으로
윤리학은 포괄적인 공동체의 복리 안에서 인간의 복리를 실현하는
것을 규범으로 삼아야 한다."

숀 맥도나휴도 역시 새로운 윤리신학의 중요성을 강조하고
있다.

"오늘 이 시대에 있어서 윤리신학과 윤리학은 더 포괄적이고 역
동적이지 않으면 안 된다. 오늘의 윤리신학과 윤리학은 인간의 개
인적인 행동을 지배하는 원리들과 이질적인 집단들 사이에서 사회
정의를 실현하도록 하는 것에 대한 관심, 자연, 세계에 대한 포괄적
인 접근 방법 그리고 지속되고 있는 진화 과정 전체에 있어서의 윤
리에 대한 관심을 동시에 갖추고 있어야만 하는 것이다."

동물축복식

이 예식은 인간과 동물의 화해 그리고 인간과 동물과의 친교를 연결시켜 주는 아주 좋은 축복식이다. 본당에서 10월 4일 성 프란치스코 축일에 집에서 키우는 모든 동물들을 성당에 불러 이 예식에 따라 축복을 해 주면 아주 멋진 작업이 될 것이다. 연구자는 대구 고산본당에서 경북 경산본당에서 동물축복식을 거행하였다.

또 한 가지 과제와 도전이 있
다. 그것은 인간과 동물에 대한
관계의 재정립이 생태의식의 시
작이다. 이를테면 '보신탕문화'
와 육식에 대한 우리 그리스도
교의 성찰과 응답의 문제이다.
우리 신학은 동물 자체에 관심

이 거의 없다. 오히려 천주교가 삼복더위를 해결하는 보신탕을 더 먹는다는 지적이 있다. 이사야서 11장 6절에는 맹수와 새끼 양과 어린아이가 함께 어울려 놀 수 있는 이상적 생명 공동체를 그린다. 오늘날 그리스도교는 레오폴드의 생명 공동체(1949년)라는 이미지, 톰 레이건의 동물권리론(1983년), 피터 싱어의 동물해방(1975년), 벤담의 동물이해 - 동물도 고통을 느낀다(1789년)의 도전을 받아 들어야 할 때이다.

토마스 베리의 우주 이야기는 새로운 창조 이야기이며

새로운 과학이며 거룩한 생명의 이야기이다.

꽃, 칼슘, 해파리, 은하수, 양자, 지구, DNA, 인간 등

이 모두가 이야기의 주체로 이 우주의 그물망을 이룬다.

거룩하지 않은 것이 없고, 영적이지 않은 것이 없다.

살아있는 모든 것은 객체가 아니다.

여기에서 물질과 정신의 분리, 초월과 내재의

이원론이 극복되는 것이나.

3장
한국 가톨릭교회
생태의식의 실천모델

실천 사례

필자는 1999년 수원 가톨릭 대학 발표논문 〈가톨릭 환경운동, 어디로 어떻게〉에서 생활과 지역을 축으로 하는 협동조합의 조직, 마이크로 코스모스 만들기, 창세기 마을 만들기, 지구에 순한(soft) 마을 만들기를 제안하였다. 그리고 인도의 오로빌, 독일의 프랑크 슈테텐수도원, 아이빙엔의 힐데가르트수녀원, 필리핀 바기오의 환경센터, 뉴저지 주의 제니시스 농장, 미국 켄터키 주의 트라피스트 수도원, 벨기에 베네딕도 수도회 시토파의 트라피스트수도원, 일본의 요네자와 목장과 학슈의 자연학교를 직접 방문하고 체험하여 소개한 적이 있다. 찰스 커밍스는 환경신학에서 실천모델을 '생태 영성적 삶'이라고 표현하고 있다. 한국에서는 마을 공동체와 학교가 유기적으로 잘 결합된 마을학교인 홍성 풀무학교가 있다. 황종렬은 생태 복음화의 모델을 유형별로 교구와 산간, 도시본당과 학교, 복지의 사례를 소개한다. 교구 모델은 안동교구 농민사목, 도시 본당 모델은 대구대교구 고산본당 공동체, 산간 모델은 수원교구 평창 성 필립보 생태마을, 생태 사회복지 모델은 원주교구 배론 살레지오 집, 생태 교육 모델은 푸른평화의 오산자연학교를 소개하고 있다. 여기에서는 필자의 삶의 궤적에 직접 연결되어 있는 사례를 유형별로 살펴보기로 한다.

본당 공동체 모델과 생태교육 모델 그리고 협동조합 모델과 지역 공동체 모형이 바로 그것이다. 본당 공동체 모델은 실패했으며 생태교육 모델과 협동조합 모델은 실험과 진화 중이고 지역 공동체 통합 모형은 비전이며 큰 그림이다. 그리고 이 세 가지 모형이 한국 가톨릭교회의 생태복음화를 학교나 본당에 그리고 지역 공동체에서 또는 본당과 지역 속에서 대안교육이나 대안교육센터를 기획할 때 하느님의 생태평화학인 창조물과 우주 속에서 창조주와 개인적 자아, 가족적 자아, 지구적 자아, 우주적 자아를 포함한 보편적 컨텍스트context를 발견하는 교육의 지평을 열어가는 모델을 소개하기로 한다.

본당 공동체

- 대구대교구 고산성당(2002~2006)과 경산성당 (2006~2010)

대구 수성구는 정치적으로 매우 보수적이면서도 교육열은 아주 높다. 이른바 학군이 좋아 학생들이 몰리는 서울의 대치동 같은 곳이다. 고산성당뿐만 아니라 거의 모든 본당이 정치나 교육에 전혀 영향을 주지 않는다. 오직 종교적인 것만 추구하고 지역 중심의 친교보다도 사적인 관계나 본당 중심적인 수직적 관계가 지배적인 신앙구조가 주류를 이루는 본당이다. 고산성당은 본래 경산성당의 공소였다가 분리된 곳이다. 그러나 고산성당은 대구에 속하고 경산성당은 경상북도 경산시에 속한다. 바로 인근지역인 까닭에 학군문제로 경산시에서 대구시로 위장전입을 많이 하는 곳이며 대구의 의식구조를 대변한다고 볼 수 있다.

2002년 이후 대구 수성구 고산본당과 경북 경산본당에서 본당의 녹화라는 새로운 시도가 있었다. 한국의 모든 본당이 그러하듯이 죄와 구원의 틀 속에 획일화된 한국 본당들의 구조 속에서 교회의 녹화를 위한 새로운 모델로 다양한 대안을 모색해 본 사례이다.

죄와 구원중심의 영성에서
창조와 축복의 영성중심으로 기획

고산본당에서 녹화사업을 시작할 때 먼저 기본음을 정했다. 그 기본음이란 창조 중심의 영성이다. 이 영성은 매튜 폭스의 원복과 우주적 그리스도와 맥락을 같이한다. 창조 중심의 영성은 타락과 구원 중심의 패러다임을 바로 잡아준다. 왜냐하면 아직까지도 원죄를 축으로 하여 교회체제를 유지하기 때문이다. 이 원죄-타락-구원의 도식이 오늘날 우리의 그리스도교를 벼랑 끝으로 몰고 갔다고 생각하고 죄에 기초하지 않고 원복 혹은 원축복에서 본당을 시작했다. 우리가 기도할 때 죄에서 시작하는 것과 복에서 출발하는 것의 차이는 엄청나다. 우리는 죄로부터 구원받기 위해서 미사에 참석할 수 있지만 구원받은 것을 찬미하고 감사하기 위해서 미사에 갈 수도 있지 않겠는가?

신앙의 첫 단추가 어디인지에 따라서 방향이 달라지고 성가곡이나 감사송이 달라진다.

그 다음으로는 토마스 베리의 '우주 이야기'였다. 138억 년의 우주 역사를 자주 들려주었다. '우주 걷기'도 시도하였다. 138억 년 우주의 역사를 직접 걸어 보게 하는 것이다. 이 우주 이야기는 새로운 창조 이야기이며 새로운 과학이며 거룩한 생명의 이야기다. 꽃, 칼슘, 해파리, 은하수, 양자, 지구, DNA, 인간 등이 모두가 이야기의 주체로 이 우주의 그물망을 이룬다. 거룩하지 않는 것이 없고, 영적이지 않는 것이 없다. 살아있는 모든 것은 객체가 아니다. 여기에서 물질과 정신의 분리, 초월과 내재의 이원론이 극복되는 것이다. 이제 거룩함의 새로운 지평이 열리는 것이다. 예컨대 사제의 축복으로 물이 성수가 되지만 이미 물은 물 자체로 거룩하다. 이 거룩한 물을 예식으로 감사하고 찬미하는 것이다. 영성의 지평이 왜곡된 것이 아니라, 심화되고 확대된 것이다. 우리가 살림운동을 하는 이유는 창조주 하느님의 믿음 때문이고 하나하나의 생명이 하느님의 모상을 닮았기에 지키고 섬기고 나누는 것이다.

이러한 영성을 심화시키고, 우리 신앙의 지평을 확대하기 위해서 세 사람을 한국에 초청하였다. 한 사람은 독일 콘스탄쯔Konstanz에서 힐데가르트 치료법에 정통한 슈트렐로 박사로서 본당에서 2004년에 초청하여 세미나를 개최하였다. 힐데가르트의 영성이 오늘날 신앙살이와 어떤 연관이 있는가를 다음과 같이 말 할 수 있다.

"힐데가르트는 영적 전통의 진주이다. 그녀는 성인은 스스로를 창조물과 단절시키지 않는다."

우리는 그녀 덕분에 그리스도교 영성의 길잡이에서 자연에 대한 '적개심과 두려움' 그리고 구원중심의 영성에 붙어 다니는 '비관론과 죄책감'을 털어내고 자연에서 감사와 기쁨과 경이 그리고 사랑을 느낄 수 있게 되었다. 사실 이 문제는 서양 영성의 문제이다. 자연에 대한 뿌리 깊은 두려움과 적개심은 서양의 고대와 현대를 막론하고 자연과 은총의 분리에서 시작되었다고 본다. 고수레나 까치밥을 보더라도 우리는 생명 안에 뭇 생명을 포함시키지 않는가. 오늘날 우리 신자들의 영적인 공허감은 바로 여기에 있다.

또 한 사람은 토마스 베리의 '우주 이야기'를 아주 정확하게 가르치는 미국 뉴저지 제네시스 농장의 미리암 맥길레스인데, 초대하여 서울과 일산에서 강연을 하였으며, 고산본당에서 3일 간 '우주 이야기'를 가시고 세미나를 개최하였다.

마지막으로 배란법에 기초한 청소년 생식력 자각 성교육 프로그램 창안자 한나 클라우스Hanna Klaus(미국의료선교수녀회) 수녀를 초대(2003. 3.19 - 3.23)하여 청소년 성교육 지도자 양성을 시작한 계기로 틴스타TeenSTAR는 한국에서 10년을 맞이하면서 전국적으로 확대되었다.

담장 허물기

성당의 위치가 아파트단지로 들어가는 길목에 있기 때문에 마을의 지킴이처럼 느껴질 수 있는 본당이었다. 왜냐하면 출퇴근할 때도 성당 앞을 지나 다니고 아이들도 성당 앞을 지나서 학교에 가기 때문이다. 그래서 어떻게 하면 성당과 지역의 경계를 분리하지 않고 신앙과 지역사회를 자연스럽게 연결할까 하는 과정에서 담장 허물기가 시작되었다. 시작은 물리적인 담장 허물기이지만 한 걸음 더 나아가 거룩한 것과 속된 것을 분리하는 신앙의 이원론적 구조를 해체하고 신앙과 생활의 통합을 의미하는 상징적인 담장 허물기였다. 이 허물기는 종교적인 것만을 추구하는 수직구조가 아니라 지역과 동행하는 수평구조이다.

보안이나 안전문제로 수녀원 측과 본당의 원로들이 걱정과 우려를 하였지만 담장 허물기로 인한 도난이나 불순한 사건은 한 번도 없었다. 때마침 본당 담장 허물기는 대구시의 정책에 부합했기 때문에 예산을 전액 지원받았다. 담장을 허문 자리에 쥐똥나무나 오죽을 심었고, 성당 대문에는 문 대신에 큰 느티나무를 심어 동네의 보호수처럼 느끼게 했다. 담장을 허문 다음 고산본당은 지역노인대학, 지역문화아카데미, 소박한 가게, 유기농 마켓 공동체 그리고 지역 환경운동을 통해서 지역에 열린 본당으로서 닫힌 신심에서 열린 신앙으로 향상되기를 모색하였다. 또한 고산성당 공중 화장실을 생명 활성수를 만들어내는 대안화장실로 만들었다. 수세식 화장실은 물과 에너지를 낭비하는 구조로 인분을 강물로 내보내면서 오염되고, 발효과정에서 생기는 메탄가스는 오존층을 파괴하고, 분뇨처리장에서는 수십억 원의 세금이 처리비용으로 사용되고 있다는 사실을 인식하고 생명의 근원이 되는 물과 땅의 중요함을 일깨워 주었다.

담장을 허문 경산본당은 인근 부지를 매입하여 동네 주차장

을 만들고, 성당 마당을 오픈하
여 동네에 지름길을 내어주었다.
주차장 옆에 장사가 안 되어 문
을 닫아버린 중국집을 임대하여
유기농과 공정무역 동네 카페를
만들어 모든 이의 쉼터가 되도록
했다. 또한 매입한 새 부지에 생
태유치원인 유아학교를 열었다.

공정 무역公正貿易, fair trade

다양한 상품의 생산에 관련하
여, 여러 지역에서 사회와 환경
표준뿐만 아니라 공정한 가격을
지불하도록 촉진하기 위하여 국
제 무역의 시장모델에 기초를
두고 조식된 사회 운동이다. 이
운동은 개발도상국에서 선진국
으로의 수출품에 특히 초점을
두고 있는데, 이것들은 거의 대
부분 수공예품, 커피, 코코아,
차, 바나나, 꿀, 코튼, 와인, 과
일 등이다.

경북 경산성당과 대구 고산성당은 담장이 없다. 그러나 단순
히 환경미화사업으로 물리적 담장을 허문 것은 결코 아니었다.
그리고 담장 하나 허문다고 교회가 변화하거나 쇄신되는 것은
아니다. 이보다 더 중요한 것은 교회가 세상을 바라보는 틀과
사목 패러다임의 전환으로서의 담장 허물기이다. 본당의 문턱
이 높아서 들어가기 부담스러운 특구가 아니라 동네 사랑방이
나 복덕방 같이 누구에게나 진근한 마당이나 아이들의 놀이터
같은 곳으로 구조 변경하는 것은 사목자의 신학과 영성이 무엇
인가에 달렸다.

종교화합을 위한 지속적인 연대

종교 간 대화운동으로 2005년에는 '생명과 평화를 위한 109
배'를 통해 고산성당과 은적사는 성직자와 신자들이 함께 절을

하며 부처님 오신 날을 축하했다. 천주교 측은 109배, 불교는 108배를 했다. 고산성당은 은적사에서 보내온 봉축연등을 성당 구내에 걸어 놓았다. 자신을 낮추고 생명을 공경하는 자세인 절은 불교뿐 아니라 가톨릭의 정신이기도 하며 109배는 109개 원소로 이루어진 우주와 생명에 대한 공경의 의미가 담겨 있다.

이 109배 운동은 창조질서 보전을 위한 몸기도 40배로 발전하였다. 2009년 9월에는 천주교 창조보전연대에서 '창조질서 보전을 위한 몸기도' CD도 제작하여 보급하였다.

각각의 절마다 지향을 둬 하느님 창조에 대한 감사와 죄를 고백하며 생태영성적 깨달음을 통해 실천을 다짐하는 내용으로, 회개와 보속의 의미를 강조한 몸기도 40배의 구성은 다음과 같다.

삼위일체이신 하느님께 바치는 절(1-3배), 창조에 대한 감사의 절(4-10배), 칠죄종에 따른 죄 고백의 절(11-22배), 생태영성적 깨달음을 지향하는 절(23-30배), 실천과 다짐의 절(31-40배) 등 총 다섯 부분 40배로 이뤄져 있다. 그리고 성당과 절이 함께 만든 은적사 산사음악회와 해마다 연말 장학금을 공유하기도 하였고 경산성당과 대한불교 조계종 제10교구 본사 은해사와 산자연 학교, 경산 반룡사와 함께 갓바위 케이블카 설치반대 서명운동을 하기도 하였다.

하나도 버리지 말고 모아 들여라 (마르 6, 30-44)

담장 허물기도 세상과 본당이 소통하는 한 가지 방법이지만 담장을 허문 자리에 '아름다운 가게'처럼 지역사람이면 누구나 참여할 수 있는 재활용 센터인 '소박한 가게'(고산성당)나 '오병이어가게'(경산성당)를 만들어, 익명으로 살아가는 아파트촌 사람들이 서로 얼굴을 마주하는 지역공동체운동의 장이 될 수 있도록 하였다. 한 걸음 더 나아가 공정무역과 유기농 직거래 매장을 열어 본당과 지역을 연결하는 가교로서 '성체성사의 사회적 실천'을 구현하는 작은 생명경제 구조를 이룰 수도 있었다. 고산성당은 '생명의 공동체'라는 마켓이름으로 경산성당은 '산처럼'이라는 이름으로 생태운동과 농촌살림의 예언적 역할을 담당하고 있다. 교회가 사회적 기업 곧 착한 소비, 윤리적 소비 그리고 착한 패션 등 창조보전과 녹색살림을 진작시키는데 앞장선 사례이다.

숀 맥도나휴 신부는 '교회의 재생사업'에서 교회가 자원재활용을 통한 재활용 사업을 지원할 것을 제안하고 영국 밀튼 케인즈에 소재하는 한 그리스도교 재생회사를 소개한다. 숀 맥도나휴 신부의 생각을 기초로 하여 경산성당은 오병이어五餅二魚 마켓을 열었다. 오병이어라는 말은 빵 다섯 개와 물고기 두 마리로 오천 명을 먹이신 예수님의 기적에서 나온 말이다. 오병이어의 기적은 빵의 양적인 증가가 아니다. 무관심한 사람들이 공동체로 모여서 자신의 것을 나누고, 감사하고, 남은 빵 조각과 물고기를 재활용하는 것, 곧 버리지 않고 모으는 것이다.

　오병이어 마켓은 주민들에게 더 이상 필요 없는 물건을 기증받아 그것들을 싸게 팔고, 이익금을 지역에 다시 돌려주는 순환적 생명경제다. 전적으로 자원봉사자들의 봉사로 꾸려지다 보니 서툰 면도 있지만 재활용 실천을 통해 자원을 절약하고 주민이 스스로 참여하는 '지역여성'의 나눔과, 공동체 의식을 높이는 장으로서 기여할뿐만 아니라 아이들이나 청소년 환경교육의 장으로도 자주 활용된다. 가게 수익금으로는 소외되고 어려운 이웃에게 밑반찬을 만들어 주거나 김치를 담가주기도 하고, 청소년 장학금을 지급하고, 지역 저소득층 노인에게는 생필품과 식품을 제공한다. 그밖에 경산본당은 매주 1회 지역민을 위한 친환경식사 사목을 하기도 하였다. 2009년에는 경산시 학교 급식 조례 개정 운동본부를 만들어 5,000여 명의 주민 서명을 이끌어 내는 등 경산지역 친환경 무상 급식 운동을 주도하였다. 석가탄신일과 부활절, 성탄절에 동화사와 상호 교류를 통해 종교의 평화와 화합을 위한 노력을 하였다.

시장市場의 성화聖化 - 소비자 생활협동조합 만들기

　고산 생명공동체는 2004년 단오절, 아이들이 지켜보는 가운데에서 문을 열었다. 대구의 생명운동 공동체인 푸른평화와 연대한 유기농 직거래 상점을 성당 매호천 옆 부지 61평을 매입하여 새로운 형태의 상점을 창출하고 있다. 자금은 출자방식으로 모았고 생산자도 출자하였다. 생활협동 조합방식이다. 기존의 다른 상점과는 달리 카페 강의나 찻집, 대안 생리대 센터, 유기농 반찬가게, 매주 수요일 생태교실 그리고 환경 센터 등 다원적으로 운영되고 있다. 수성구청과 연대하여 마켓 앞에 매호천과 함께 할 수 있는 미니 생태공원도 만들고 있다. 이 상점은 동네광장인 셈이다.

고산 생명공동체를 만든 영성적인 이유는 여기에 있다. 교회가 너무 미사나 성체의 중요성만을 강조한 나머지 신자들의 일상에서의 영성체의 의미를 깨닫도록 도와주지 못하고 있다. 일상적이고 구체적인 '밥'을 다루지 않는다. 쌀 개방에 따른 그 의미는 참으로 민속적이고 국제적이고 생태적이다.

예수께서 바라는 영성체의 의미는 성체 성김도 중요하지만 나눔이 더 중요하다. 예수께서 바라시는 영성체의 의미는 하루하루 밥의 우주적 의미를 깨닫고, 생산하고 나누는 삶이다. 우리가 먹는 밥은 사실 영성적이다. 주의 기도는 밥이 중심축에 있다. 이른바 최후의 만찬(마태 14, 22-24)을 보면 예수께서는 죽음을 앞두고 밥을 함께 먹는다. 밥상공동체가 아닌가? 성체성사는 밥의 혁명이다. 성체성사는 나와 예수가 일치되는 사건이다. 이것은 추상적인 일치가 아니다. 초대 교회의 공동생활을 보라!(사도 2, 43-47) 성체성사는 밥을 나누어 먹는 구체적 사랑이다. 육화는 구체적인 역사 속에 몸의 육화이지 추상적이 아니다.

영성체는 하나의 성체성사일 뿐 아니라 우리가 일상적으로 매일 먹는 밥도 하느님과 자연과 인간이 만나는 우주적인 사건이다. 밥을 먹는 것은 몸의 건강뿐만 아니라 우주의 기운도 먹는 것이다. 먹는 것은 전례이며 의례이며 찬미와 감사이다. 밥을 먹는 것은 하느님을 모시는 것이다. 창조주 하느님께 가는 길이며 사랑이며 제사이며 믿음이다. 고산 생명 공동체의 자리매김은 바로 여기에 있는 것이다. 우리가 성체를 모시면서도 얼마나 병든 먹거리를 먹는가? 불교의 식사법인 발우공양은 바로 영성체의 의미라고 생각한다.

교회가 우리농 운동을 하며 생협 운동을 하고 그리고 고산 생명 공동체를 만든 이유는 호혜경제이다. 호혜互惠는 일종의 인격교환과 생태적 공경 위에 기초한 작은 경제이다. 이 경제는 생산자와 소비자가 함께 가격과 생산량을 결정하는 것이다. 이 생태적 위기를 치유하는 길은 멀리 있지 않다. 고산 생명의 공동체에 출자한 조합원들이 이런 작은 경제의 구조를 만들어 가는 것이다. 고산 생명의 공동체는 현재는 본당과는 연계 없이 지역에서 생명과 살림, 슬로푸드Slow food운동을 하는 축이 되고 있다.

슬로 푸드slow food

패스트 푸드(fast food)에 대립하는 개념으로, 지역의 전통적인 식생활 문화나 식재료를 다시 검토하는 운동 또는 그 식품 자체를 가리키는 말이다. 1986년 로마의 명소로 알려진 에스파냐 광장에 맥도날드가 문을 열었다. 그러나 여기서 제공하는 패스트푸드가 이탈리아의 식생활 문화를 망친다는 위기를 낳자 슬로푸드 운동으로까지 이어졌다고 한다. (사)슬로푸드문화원 www.slowfoodkorea.kr 참조.)

고산본당에서 처음으로 시도한 우주걷기 명상

우주걷기 명상은 우주의 시작과 진화 그리고 시간과 공간의 경이로움과 창조의 신비에 대한 감수성을 키우고자 고안된 것이다. 이 걷기 명상은 그 지역의 상황이나 특수성에 따라 창조적으로 바꿀 수 있다. 새로운 시도인 우주걷기 명상은 우주와 지구가 진화되는 과정에서 인간의 위치에 대한 감수성을 키워 준다. 이 명상은 각 인간 역사의 독특함은 물론 지구 이야기도 극적인 방식으로 전달해 준다.

특히 경북 영천시 보현산 천문대에는 우리나라 최대 구경의 1.8m 반사 천체망원경이 있다. 천문대에 가서 아이들에게 우주 이야기를 들려주어 우주에 대한 경외감을 느끼게 한다면 바로 창조주 하느님과 우리에 대한 진정한 경외가 시작이 될 것이다. 영성은 죄에 대한 깨달음이 아니라 존재에 대한 감사, 다양성에 대한 놀람, 관계에 대한 깨달음이다.

우주걷기를 위해 우리가 선정한 우주 이야기는 각 단계마다 독특하다. 우리는 토마스 베리의 '우주 이야기'에 수록되어 있는 '연대표'를 참고하였다. 걷기 명상은 참여하는 대상에 따라 연대표가 길어질 수도 있고 짧아질 수도 있다. 참석자의 내면적인 동기를 파악하는 것이 아주 중요하다. 대상에 따라 우주걷기 연대표 안에 우리나라의 문화적, 윤리적, 종교적 이야기를 포함시키면 아주 좋을 것이다.

스트로마톨라이트와 중생대 자연사박물관

경산시 하양읍 금락리와 은호리 일대에는 지구 초기의 생명체 중 하나인 시아노박테리아의 화석인 스트로마톨라이트 stromatolite가 다량 분포되어 있다. 스트로마톨라이트는 토마스 베리의 '우주 이야기' 중 살아있는 지구 이야기에 있어 최초의 생명체와 광합성을 실증하는 지구의 소중한 유산이다.

스트로마톨라이트는 유기물이 풍부한 어두운 층과 쇄설성 퇴적물(clastic sediments)이 많은 밝은 층이 교대로 반복되어 나타나는 유기와 퇴적 구조로 된 엽층리葉層理,(laminated bedding)를 갖고 있다. 그래서 엽층리 구조를 가진다는 뜻의 stroma와 암석을 뜻하는 lithos라는 그리스어의 합성어가 그 어원이다. 바위 침대라는 의미도 있으며 암석의 형태가 거북의 등 모양으로 기묘하게 생겨 주변 주민들은 '거북돌'이라고도 부른다.

2009년 12월 11일 천연기념물 제512호로 지정된 대구가톨릭대학교 스트로마톨라이트는 관리되지 않고 방치되어 있는 것을 필자가 지역 신문을 통해 스트로마톨라이트의 소중함을 알리고 여론을 형성하여 천연기념물 제512호로 지정되는데 일조하였다.

경산지역에서 산출되는 스트로마톨라이트는 형태의 다양성, 미세조류 화석의 산출 및 보존 상태가 우수하여 경산시 하양은 국내 스트로마톨라이트 연구의 중심이 되는 지역이다. 강원도 등 국내에서 발견되는 스트로마톨라이트의 경우 바다에서 생성된 것이지만, 하양 일대의 스트로마톨라이트는 호수에서 생성된 것으로 그 규모가 크고 형태가 완벽해 학술적인 가치가 뛰어나다.

스트로마톨라이트의 성장 속도는 매우 느려 약 100여 년에 걸쳐서 수 cm, 연간 1㎜ 이하밖에 성장하지 않는다고 한다. 따라서 흔히 볼 수 있는 지름 50~100cm의 스트로마톨라이트는 1000여 년 이상이 지나면서 형성된 것이다. 또한 스트로마톨라이트는 전 세계적 관심사인 생명체와 초기 지구의 진화 및 형성 과정에 대한 연구에 소중한 화석이다.

시아노박테리아는 엽록소가 있어 광합성을 통해 산소를 만드는 단세포 생물이다. 시아노박테리아는 빛 에너지와 물, 공기 중의 탄산가스를 이용해 광합성을 하여 산소를 만들어 인류를 포함한 생물체가 지구에서 살아갈 수 있게 해준 소중한 생명체다.

중생대 백악기(1억 5000만 년 전) 호수에서 형성된 경산의 스트로마톨라이트는 지구의 소중한 유산임에도 불구하고 관심과 관리가 소홀한 실정이다. 스트로마톨라이트에 대한 연구는 우리가 어디에서 왔으며 우리가 누구인지 그리고 우리가 어디로 갈 것인지를 깨닫는 기회가 될 것이다.

이러한 세계적인 인류의 소중한 문화유산을 널리 알리고 자연과 더불어 사는 생태도시를 위해 경산에 '중생대자연사박물관'을 만들어야 한다.

자연사박물관은 자연사에 관한 소장품을 단순히 전시하는 곳이 결코 아니다. 어린이들의 상상력을 키워주는 교육 콘텐츠를 위한 공간이고 젊은이들에겐 일자리를 제공하고 어른들에게는 내가 어디서 왔는지 생각할 수 있는 역사의 공간이다. 또한 지역사회에는 활력소를 제공하는 자연사박물관이다.

자연사박물관은 자연계와 자연계 내에서 인간의 위치를 이해하는데 도움을 줄 것이며, 자연계와 인간의 총체성(integrity)과 다양성(diversity)을 이해하고 보전하는데 기여할 것이다.

자연학교와 대안학교
- 자연학교에서 오산자연학교를 거쳐 대안학교 산자연학교에 이르기까지

첫 단계는 '움직이는' 자연학교 (1981년 ~ 2002년 9월)

1981년 서품을 받고 내당성당 보좌신부로 지내면서 첫 번째 3박 4일 자연학교를 성주 가천 가야산의 성주학생야영장(옛, 법전분교)에서 열었다. 필자에게는 주일학교 여름과 겨울의 자연학교가 사목의 오메가였다. 왜냐하면 아이들을 자연에 지내게 함으로써 교리교사와 부모들 그리고 그 가정의 지역을 변화시킬 수 있기 때문이다. 더 거슬러 올라가면 1970년대 고등학교 때에 영세를 받고 첫 번째 경주 본당에서 경험한 산간학교가 마치 화두처럼 내 마음을 이끌어 나갔다. 산간학교는 미래 사목 원형이며 첫 성사였다. 이러한 추억이 자연학교를 만들게 된 모티브

이다.

 1990년 월배성당에서 생태운동을 시작하면서도 여름 자연학
교가 최고의 프로그램이었다. 아이들에게는 자연체험이 아주
중요하다는 것을 일찍부터 깨달았다. 그래서 자연학교를 시작
했다. 본당신부는 이동하다 보니까 프라이부르거Freiburg 자연학
교처럼 학교라는 건물이 전혀 없이 봄과 여름, 가을과 겨울 1박
2일, 2박 3일, 3박 4일, 길게는 1주일 씩 산에서 바다로, 바다에
서 산간으로, 갯벌에서 논으로 계절별 학교를 열었다. 자연학교
는 계절 학교였다. 가야산, 매화산, 토함산, 황매산, 경주 남산,
상주 우암산, 영광 갯벌, 칠포, 감포 등 경상북도를 축으로 해마
다 주제를 정하고 바다와 산을 지정하여 자연학교를 열었다. 산
이나 들, 강이나 바다가 학교였다.

 인지보다는 체험, 좌뇌보다는 우뇌, 논리 수학지능보다는 다
중지능 중 자연지능(natural intelligence)을 아주 중요하게 생각하고
프로그램을 진행하였다. 말하자면 도시 아이들 특히 '자연결핍
장애'를 앓는 아이들에게 자연을 체험하게 하는 치유와 명상의
단기교육이었다. 물론 특정 종교를 지향하지 않는 초종교적 교
육으로서 자연영성과 자연명상을 체계화하였다. 학교는 토마
스 베리의 영성 즉 우주의 기본적 원리인 '분화, 주체, 친교'를
바탕으로 하였기 때문에 토마스 베리의 사상을 바탕으로 종교

의 다양성, '메타종교'를 지향하였다.

사실 종교와 영성은 동의어가 아니다. 종교보다 영성이 더 선험적이다. 왜냐하면 종교의 출현보다는 영성의 출현은 인류가 탄생한 350만 년 전이나 440만 년 전이라고 생각한다. 자연학교는 선교목적이 아니다. 종교는 다양하지만 마시는 물이나 밥, 공기는 기본적으로 같다.

자연학교에서 기본적으로 세운 원칙은 '식食 즉 밥'을 기본음으로 하고 프로그램을 구성했다는 사실이다. 자연학교 기간 동안 모든 인공적인 것, 화학적인 것, 부분식, 수입식, 과잉식, 호화식, 공장식, 동물식을 단절시켰다. 자연리듬에 소외된 식생활을 중지하고 전체식, 신토불이식, 풍토식, 일상식, 자연식, 식물중심식으로 식단을 철저하게 짰다. 왜냐하면 이러한 식사

메타종교

토마스 베리는 세로운 패러다임을 창조하기 위해서 4가지 시스템 개혁을 역설하였다. 정치, 경제, 교육 그리고 종교이다. 베리는 종교개혁을 이렇게 설명한다. '인간에게는 우주를 관통하며 작동 중인 창조 과정을 영예롭게 하는 종교가 필요하다.' 베리는 현재의 종교들이 인간의 구원과정에 중점을 두며, 자연세상이 우리의 주요한 발현이라는 사실을 무시하는 경향이 있다고 본다. 그러한 관점에서, 그는 종교가 자연 속에 새로이 드러난 경험을 감지할 필요가 있고, 생명파괴나 종족 학살처럼 행성적 차원에서의 문제를 다루기 위한 새로운 윤리적 원리를 개발할 필요가 있다고 주장한다. 또한 베리는 모든 종교를 위한 포괄적 맥락을 지니고 행성 전체 공동체를 아우르는 메타-종교의 필요성을 제안한다. 이는 현재의 종교적 전통과 문화를 대치하는 것이 아니라 우주의 신성한 경험의 새로운 측면과 함께 진화하는 것이다.
베리는 이 3가지 우주 생성의 원리가 서로 어우러지면서 우주의 존재와 진화에 사용되는 물리적 역동성으로 작용한다고 보았다. 베리는 한마디로 우주 생성의 원리는 '분화에 의해 지시를 받고, 주체성에 의해 구성되며, 친교에 의해 조직된다.' 이 원리를 산자연학교의 교육의 원리로 확장하였다.

가 미래식이며 우리를 살릴 구명식이라고 생각했기 때문이다. 간식도 직접 만들어 먹었고, 화장지와 세제 그리고 치약까지도 생태적으로 준비했다. 이 자연학교 아이들에게 추억과 힐링 그리고 자연과의 친교를 선물하였다. 생태교육 4가지 방법을 소개하면 다음과 같다.

① 아이들로 하여금 지루하게 하라!
　 - 발산 창의력이 솟구친다.
② 결핍되게 하라!
　 - 통합 창의력이 발효된다.
③ 글짓기가 아닌 생태 글쓰기를 하라!
　 - 글감은 자연을 주어로 삼게 하라! 개구리와 말하기 등.
④ 향수와 추억을 심어주라!
　 - 또 자연으로 다시 오고 싶도록 하라.

'정주하는' 오산자연학교(2003년 11월 ~ 2008년 2월)

2002년부터 대구시에서 한 시간 거리에서 찾을 수 있는 대구 경북권 안에 있는 폐교 30여 곳을 찾아다니면서 정주할 수 있는 학교를 물색하기 시작하였다. 이동하는 학교는 유동성에서 좋은 점이 있지만 교육이 지속가능하지 않고 불연속적이고 떠도는 방식이어서 찾은 곳이 영천시 화북면에 있는 오산초등학교였다. 3,000평의 부지에 동네 과수원이 둘러싸여 조용하고 평화로우며 햇살이 가득한 전형적인 시골 폐교였다. 그 당시에는 동네 사과창고였으며 운동장에는 잡풀이 우거졌고 무말랭이를 널어놓고 있었다. 이 폐교가 영천시 교육청 관할로 푸른평화 자연학습원으로 임대계약을 하였다. 바로 리모델링을 하기 시작하여 1993년 말에 폐교된 오산초등학교가 10년 만에 오산자연학교로 다시 부활하게 된 것이다.

처음 오산자연학교에서는 원주의 필립보 생태마을처럼 생태교육의 장으로, '푸름'의 영성 실천의 장으로, 안동교구의 '청소년을 위한 프로그램'처럼 통합적이고 마을체험과 유기적으로 하였다. 그 프로그램의 토대는 우주 이야기이다. 여기서는 무엇보다도 하느님의 생명의 질서를 노래해 온 138억 년의 우주 이야기를 기본으로 삼고, 하느님의 성령이 수위이자 교장인 우주를 교실로 삼았다. 지역 연계 배움으로 보현산 천문과학관과 연대하여 반드시 행성과 은하수를 보게 하는 시간을 잡도록 한 것도 아이들이 별을 관측함으로써 내가 어디에서 왔으며 내가 누구이며 어디로 갈 것인가를 느껴보도록 하기 위해서이다. 2003년 11월 23일 고산본당 교우들과 마을 주인, 특별히 미국 뉴저지 주 제네시스 팜에서 온 '우주걷기'의 창안자인 미리암 멕길리스 수녀가 축사를 하였다. 그래서 오산자연학교는 축복과 창조를 체험하는 교육 프로그램으로 우주걷기 명상을 아이들에게 제공하였다. 그리고 미리암 수녀가 우리에게 가르쳐 준 동남

서북을 위한 '사방四方기도'를 음악에 맞추어 춤을 추면서 과거와 현재 그리고 미래를 통합하면서 회개와 화해로써 자신을 깊이 수용하는 몸기도도 배운다.

오산자연학교는 생태학교이다. 산자연학교가 생태교육을 가장 우선적인 핵심 과제로 포착하는 이유는 다음과 같다.

① 무엇을 배우든지 젊은이들은 화석연료 단계를 넘어가는 급속한 이행기에 필요한 분석 기술과 실제적인 기술을 익혀야 한다.

달리 말해, 젊은이들은 축적된 햇빛이 아니라 흐르는 햇빛을 이용하여 문명을 영위할 방법을 배워야 한다. 우리는 에너지 문제를 해결하지 못했다. 하지만 우리 학생들은 그것을 해결해야 한다.

② 탈근대 교육은 학생들이 체계와 패턴 속에서 사고하고, 시간 감각을 넓힐 수 있도록 준비시켜야 한다.

자신의 전공분야 속에 은둔하는 전문가만을 교육하는 일을 더 이상 마음 놓고 계속할 수 없다. 우리는 학생들이 자기 전공분야를 비판적으로 바라볼 수 있도록 준비시켜야 한다. 이것은 따로 떨어진 섬이나 요새처럼 존재하는 전문교육의 폐지를 뜻하며, 또한 지식의 다양한 분야들 사이에 고리를 형성하는 것을 뜻한다. 모든 전문교육이 다른 전문분야, 특히 생태학과 윤리학의 관점과 지식으로 교육되어야 한다는 것이다. 나아가서 우리는 복잡한 체계 속에서 인과관계가 어떻게 적용하는지를 학생들이 이해하도록 교육해야 한다. 우리는 모든 가격이 소비의 생태적, 인간적 비용을 진실 되게 반영하는 정직한 경제학을 설계할 수 있도록 학생들을 도와야 한다.

③ 교육은 젊은이들이 도시화 이후의 세계에 적응하도록 준비시켜야 한다.

다가오는 세기에 대체로 귀향자로서 갖춰야 할 지식과 태도, 기술을 가지고 스스로 농촌지역으로 돌아갈 것인가, 아니면 어쩔 수 없이 생태적 피난민으로서 강요받을 것인가 하는 선택만이 우리에게 남아 있다. 지금 학교에는 젊은이들에게 도시에서의 출세를 가르치는 한 가지 교과과정밖에 없다. 인간의 미래가 도시만큼 농촌에도 달려 있다면 젊은이들이 알아야 할 필요가 있는 것은 어떤 것인가? 우리는 지금 젊은이들이 배우는 것보다 더 많이 식품과 농업에 관해 알아야 한다. 앞으로 농업은 많은 사람들에게 더욱 중요한 것이 될 것이다. 또한 학생들은 지금 배우는 것보다 더 많은 재간을 익혀야 한다.

④ 젊은이들은 땅 위에 인간의 '흔적'을 덜 남기도록 배워야 한다. 다시 말해 사람다운 삶을 살아가기 위해 필요한 에너지와

물질과 토지와 물의 총량을 줄여야 한다는 것이다. 평생 동안 미국인 한 사람은 평균 540톤의 건축 재료와 종이 18톤, 목재 23톤, 금속 16톤, 유기화학물질 32톤을 쓰는데, 이 양은 이른바 저개발 지역 사람들이 쓰는 양의 열 배에서 열다섯 배에 이른다. 환경 쇠퇴를 역전시키자면 미국인들의 에너지와 물량 소비가 어림잡아 50에서 90퍼센트까지 줄어들도록 해야 한다.

⑤ 젊은이들은 지금보다 훨씬 더 생태학적 상상력을 갖추고, 생태적 가능성에 대한 개념을 넓혀 줄 땅에 대한 새로운 전망을 갖출 필요가 있다. 우리 자신에 관한 좀 더 깊은 생태적 시각 없이는 경관에 대한 우리의 감각을 넓힐 수 없다. 우리 자신은 부분적으로 우리의 삶터를 반영하고 있다. 지역 특성은 우리가 알 수 있는 것보다 더 다양한 방식으로 우리 마음에 새겨져 있다. 우리는 어떤 강의 물보라고 할 수 있다. 우리는 우리가 상상하는 것보다 더 야성의 지배를 받으며 더 큰 전체의 한 부분으로 존재한다.

⑥ 진정한 교육은 단순히 사실과 정보와 기술과 요령을 전수하는 것을 넘어서야 한다. 교육은 젊은이들에게 '어떻게'만이 아니라 '왜'도 중요하다는 것을 전달하는 일을 목표로 삼아야 한다. 교육이 '파괴의 수단'이 안 되려면 교육은 '더 큰 지혜를 낳을' 수 있도록 되어야 한다. 이때 교육은 언제까지나 일시적으

로만 중요한 것을 밝혀 주고, 우리가 냉소주의와 무질서, 허무주의와 자기중심주의를 극복할 만큼 충분히 큰 이념을 제공할 수 있다.

학교의 의식주 생활이 친생태적이지만 학교의 장치나 시설을 통해서도 교육의 핵심 과제를 포착한다. 햇빛 온풍기, 햇빛 건조기, 햇빛 온수기, 빗물 천수통, 지열 기숙사, 생태연못, 태양광 발전기, 황토집, 돌탑쌓기, 텃밭, 티피 인디언 집 등의 견학을 통해서 '화석연료' 다음 세기를 준비하도록 자연과 현대기술의 공명을 통하여 '재생 에너지'를 체험하는 것이다.

제레미 리프킨은 그의 저서 '3차 혁명'에서 인류 생존의 길에서 필요한 다섯 가지 핵심 요소를 제안한다. 오산자연학교에서 적정기술을 소개하는 이유이다.

첫째, 산업에너지를 재생 가능한 에너지로 전환한다.

둘째, 건물마다 현장에서 재생 가능한 에너지를 생산할 수 있는 미니 발전소로 변형한다.

셋째, 건물에 저장 기술을 보급하여 불규칙적으로 생성되는 에너지를 보존한다.

넷째, 인터넷을 활용해 에너지 공유 네트워크를 형성한다.

다섯째, 수소 연료 차량 등 연료 전지 차량으로 교체한다.

그리고 '손의 신비주의'라는 주제에서는 무엇이든 직접 만들어 보기이다. 물과 바람, 흙과 햇빛 그리고 '나'에서는 황토를 가지고 만물의 4대 원소를 잘 비벼서 천연염색을 해 보는 마법의 체험이다. 그리고 대나무를 주고 마음대로 무엇이든 만들어 보기, 산에 싸리나무를 직접 잘라 소망등所望燈 만들어 보기는 아이들이 아주 좋아하는 통합적 프로그램이다. 밤에는 별빛 아래에서 직접 불을 피워 우리밀 빵 구워먹기, 자연물놀이, 왜가리서식지 탐사, 우주캠프, 미로걷기, 야생차 만들기, 뿌리채소 수확하기, 고구마와 감자 구워먹기, 가을에는 콩사리해 먹기, 여름 밤에는 개똥벌레 보기, 겨울에는 밀랍으로 꿀초만들기 등 자연을 매개로 하여 아이들과 다시 연결시키는 작업이다. 흔히 주위에 보는 '풀을 뜯어 만다라'를 만들어 보는 작업은 아이들을 고요명상과 몰입으로 이끈다.

오산자연학교는 동물을 축복으로 받아들이고 동물을 무서워하거나 혹은 동물을 잡아먹는 식용만이 아니라 우리 인간과 더불어 사는 동반자임을 체험하는 '삽살개'와 함께 하는 프로그램이 있다. 토끼장 안에 닭을 동시에 키움으로써 서로 다른 종도 공존할 수 있다는 견학도 필수로 하고 있다. 다른 것은 틀린 것이 아니고 차이와 다름이 서로를 풍요롭게 한다는 메시지이다. 그래서 아이들이 삽살개를 데리고 함께 걷고 쓰다듬고 서로 말없이 느끼는 '공감의 장'이 동물체험이다.

오산자연학교는 대안학교가 아니다. 종교가 특수한 것도 아니고 특권층이 오는 것도 아니다. 아직은 우리 현실에서 특수한 교육이다. 오산자연학교의 이 특수 상태를 어떻게 극복할 것인가? 오산자연학교의 문제는 공교육의 틀에서는 특수한 교육 사례에 머물러 있다는 점이다. 이것이 오늘의 현실이다.

대안교육 산자연학교

오산자연학교를 생태적 체험의 교육장으로 자리매김을 하면서도 생태교육의 연속성 문제와 체험교육의 특수성에 대해서도 인식하지 않을 수 없었다.

이것은 곧 자연학교의 체험 교육 효과가 단절적일 수 있다는 것을 말한다. 이런 점에서 사회 교육에서도 생태 영성 전망을 지속시키고 확산시킬 길을 확보할 수 있어야 할 것이다. 적어도 시민들이 생태적 전망을 공교육에 통합한 형태의 교육으로 선택할 수 있도록 제도적인 길을 여는 데에도 관심을 기울여야 할 것이다. 이런 의미에서 오늘과 같이 인격 교육이 실종된 현실은 교회가 민족을 어떻게 섬길 것인가를 말해 주는 어려운 길이기 때문에 시대적 표지라고 할 수 있을 것이다. 자연학교의 생태 비전을 공교육과 통합하여 건강한 시민 사회를 형성할 교육적 존재 방식으로 시민들에게 수용될 수 있도록 길을 열 과제를 자각해야 한다. 공교육 체계 안에서 어린이들과 청소년들이 겪는 고통과 그들에게서 발해지는 신음의 깊이에 민감하다면, 이들을 돌볼 틀을 형성해 가는 것은 가장 기본적인 복음화 과제 가운데 하나가 될 것이다. 우리가 돌볼 수 있는 구조를 만들지 못하는 것과 그 과제 자체를 인식하지 못하는 것은 동일한 것이 아니다. 알고도 하지 못할 때, 역량 부족에 대한 고백을 불러일으키고, 연대의 일념으로 그 실현을 위하여 기도하는 영으로 존재할 가능성이 있다. 그러나 이 과제를 인식조차 하지 못할 때 그런 주체들은 도리어 참여하는 부류를 특권화하고 참여하지 못하는 부류는 낮춰보는 오만을 드러낼 위험이 그만큼 커질 수 있는 것이다.

그래서 대안학교인 산자연학교를 연 이유는 자연학교라는 특수성을 극복하고 생태의식과 체험을 공교육과 통합하여 교육의 보편적 지평을 열기 위함이었다. 그리고 오산자연학교가 보통 주말에 프로그램이 꽉 차거나 몰려 있기에 주말이 아닌 평일에서도 생태교육을 통하여 우주적 소통을 내면화시키고, 밖으로는 예술적 표현으로 자신을 창조하고, 내면화와 창조성을 지역사회 안에서 실현시켜 보자는 3가지 이유였다. 1년여 동안의 학습과 그룹 스터디를 통하여 설립 목적과 의의를 설정하고 교육이념과 교육원칙을 다듬었다. 산자연학교 첫 입학자는 초등학생 8명이었다. 비인가 학교에 따른 재정부족을 주말과 여름, 겨울방학을 이용하여 오산자연학교를 운영하고 오산자연학교와 산자연학교의 유기적인 관계는 새로운 생태교육의 지평을 여는 두 바퀴였다.

마리아 몬테소리는 우주교육의 필요성을 강조하면서 다음과 같이 말하였다.

> 별, 땅, 암석, 모든 생명체의 형태들은 서로 밀접한 관계 속에서 전체를 이루고 있다. 이 관계는 우리가 태양에 관해서 무엇인가를 이해하지 못한다면 어떠한 돌도 잡을 수 없을 정도로 밀접하다. 거대한 우주에 대한 지식 없이는 우리가 만지는 그 어떤 대상에 대해서, 원자들 또는 세포들에 대해서도 우리는 설명할 수 없다.

몬테소리는 우주교육의 본질을 세 가지 물음에 대한 탐구로 표명하면서 우주 교육의 목표는 아이를 초기 물음인 '나는 누구인가?'라고 하는 것으로 이끄는데 있다. 이것은 보기에는 간단한 질문인데 실제로 우리가 삶의 본성과 자신에 대해 제기하는 가장 심오한 형이상학적 질문이다. 만약 아이가 이 문제를 심사숙고한다면, 그의 첫 번째 답은 그의 이름이 될 것이다. 어떤 것이 이 아이를 다르고 특별하게 만드는가? 아이의 답들은 정체성을 찾는데 시작점들이다.

'나는 누구인가?'라는 질문은 하나에 3개의 질문이 있는 것이다. 다른 두 질문은 '내가 어디에서 왔는가?' 그리고 '내가 왜 여기에 있는가?' 또는 '내가 어디로 가고 있는가?' 이것들 중 첫 번째는, 아이의 과거와 연관된 것인데, 그의 현재 정체성의 부분에 연관되어 있다. 존재론적인 그리고 역사적인 기억의 형태로, 또는 몬테소리가 'mneme'라고 언급한 것으로. 이것은 정체성의 부분이다. 이 용어의 가장 넓은 감각의 조상으로부터 온. 후자의 질문은, 아이의 미래와 연관되어 있는데, 생명 관련 목표 또는 우주에 대한 공헌에 그의 정체성의 부분을 이루고 있다. 몬테소리가 우주 임무라 부르고 이것은 'horme'와 연결되어 있다.

두 개의 추가적인 물음 - '내가 어디에서 왔는가?'와 '내가 왜 여기 있는가?'-은 더 기초적 물음인 '내가 누구인가?'보다는 포괄적이다 '내가 누구인가?'의 질문은, 이 세 개의 모든 면들에서 인간 종의 수준으로 접근되어질 수 있다. 행성에서 생물의 진화적인 흐름 내에서 우리의 특별한 종의 장소를 찾는 과거, 현재, 그리고 미래 또는 개인의 수준에서 접근될 수 있다. 마리아 몬테소리는 이야기 즉 스토리텔링을 통해서 우주 임무(cosmic task)를 다할 수 있다고 보았다.

* 생태적 삶을 실천한다는 것

- 비생태적 생활의 문제를 발견한다.
- 유기농 음식을 먹는다.
- 친환경 물품과 재료 사용을 생활화한다.
- 생태계의 순환, 자연의 섭리를 과학적으로 접근한다.
- 몸과 마음은 자연과의 관계 속에서 균형을 이룬다.

* 전인적 삶을 살아간다는 것

 - 자기 발견과 자기 신뢰로 정서적·심리적 건강을 추구한다.

 - 감각체험과 생태 농사 활동, 자연생활을 통해 건강해진다.

 - 지역사회활동에 참여하여 사회적 책임감과 공동체적 삶을
   배운다.

 - 해외활동과 문화교류로 세계화를 지향한다.

 - 성장발달에 적합한 지적 능력을 갖추어 자아실현을 돕는다.

* 교육 원칙

 - 나이와 학년의 발달 수준과 개인의 특성을 함께 고려한다.

 - 자발적이고 체험적이며 실천적인 경험을 중시한다.

 - 같음 속에 다름이, 다름 속에 같음이 있음을 발견하도록
   한다.

 - 교사는 학생 개개인의 가치·존엄성·권리를 소중히 여긴다.

 - 교사는 교수, 학습자료 개발과 활용으로 창조적 사고를 유
   발한다.

 - 교사는 학생에게 민주적 의사표현의 권리를 주는 토론과
   자율을 장려한다.

 - 교사는 학생들 개개인에 대해 충분히 이해하고 적절하게
   준비한다.

 - 교사는 다양한 평가 방법으로 교육이념의 실천과 교육과
   정의 개선을 위해 노력한다.

- 학생은 자신의 주요 관심 분야를 탐구하며 활동의 주체가 된다.
- 학생은 사회활동과 자립교과를 통해 지식과 삶을 통합한다.
- 학생은 공동체의 규범과 타인의 존엄성, 심신의 건강, 자연을 해치지 않는 범위에서 자유를 누리고 책임질 수 있다.
- 학생 평가는 관찰, 상담, 자기 평가, 포트폴리오를 토대로 미래 지향적, 과정 중심적, 개성 중심적인 질적 평가를 주로 한다.
- 교육환경은 자연친화적이며, 안전성과 심리적 안정감을 고려하여 심신의 발달을 돕는다.

＊ 학교생활 - 초등 교육 과정
- 입학 초에는 적응을 위한 첫만남 프로그램을 진행한다.
- 말과 글, 수, 실험, 우주, 연극, 미술, 음악, 몸 살리기, 외국어를 기본과목으로 한다.
- 요리, 예술, 목공, 원예, 탐험 등 프로젝트형 선택 과목은 기본 과목과 연결하여 수행하고, 사회참여와 교류를 통해 삶 속에서 배움을 실천한다.
- 영상기록, 요가, 풍물 등의 특별활동 시간을 가진다.
- 모둠회의 시간을 통해 의사소통을 하고, 학교 규율을 스스로 선택하는 자치활동이 있다.
- 아침에는 숲 속에서 명상과 춤, 노래와 시로 하루를 여는

몸 깨우기를 한다.

- 모든 교육활동은 과목의 연관성에 중점을 두고 통합한다.

- 교과서만을 통한 전달보다 행함으로 배우는 체험학습을 한다.

- 매일 마지막 수업은 하루를 닫는 프로그램으로 마무리한다.

- 식물의 성장을 통한 자연 순환과 먹이사슬을 체험하는 과정으로 텃밭을 가꾸고 가축을 기른다.

- 통합 교육 및 특수 교육과 예술 치료를 통해 문제를 극복하고 잠재 능력을 개발하여 폭넓은 인간관을 갖게 한다.

학력인가로 거듭나는 산자연학교 (2014년 ~)

오산자연학교는 2003년에 고산성당의 물심양면의 지원으로 탄생되었다. 산자연학교는 2007년 경산성당의 후원으로 오산자연학교에 첨가 되었다. 이 학교의 설립자인 필자가 2010년 2월에 경산본당에서 교장으로 정식 부임하게 됨에 따라 학교의 위상과 소속이 분명해졌다. 이제 학교는 법적으로 푸른평화에서 천주교 대구대교구로 소속되고 학교 부지를 임대에서 매입으로 자리를 매겼다. 2007년 첫 입학했던 8명의 아이들이 중학교에 입학함에 따라 산자연학교는 초등과 중등을 통합하여 운영하게 되었다. 전국에서 중학생들이 대거 입학함에 따라 중등의 방향과 교육과정을 더욱 섬세하게 다듬어야 할 필요성을 느끼게 되었고 아이들이 성장함으로써 남녀가 분리된 기숙사의 필요성이 대두되어 2012년 5월에 교실 6칸과 친환경 지열 기숙사를 완성하게 되었다. 비인가중등과정이 검정고시와 겹쳐 학부모들의 중등과정 검정고시에 대한 부담감으로 인해 중학생들이 비인가의 대안학교와 중등과정의 검정고시문제로 수업의 차질과 교과과정의 혼선이 빚어짐에 따라 학력인가형 대안학교를 고려하게 된 것이다. 이 문제를 단순하게 다룰 수는 없었다. 학부모 간에 인가와 비인가에 대한 의견이 달랐고, 학비에 대한 부담감과 시원에 내한 고려로 학력 인가형으로 준비하게 된 것이다. 검정고시에 대한 중학생들의 부담감은 해결될 수 있으나 비인가의 자발성과 창의성, 인가의 틀과 구속의 균형을 잡을 지가 관건이다.

한 사제의 열정과 꿈에 의해서 시작된 오산자연학교가 비인가 산자연학교에서 천주교 대구대교구 소속을 통하여 이제는 공히 학력인가형 대안학교로 진입함에 따라 어떤 지평으로 성장할지가 기대된다. 2003년 우주 이야기의 자연학교가 생태학교로 이제는 인가형 대안학교로 업그레이드 되었다고 하지만 생태평화로 다른 공교육이나 대안학교가 차별화의 길을 가야한다고 생각한다. 무엇보다도 과학학습에서 우주 이야기가 빅픽처BigPicture, 빅 히스토리Big History, 통섭統攝된 이야기로 바닥이 되어야 된다. 왜 아이들에게 우주 이야기를 들려주어야 하는가?

토마스 베리는 우리가 생태대로 진입할 수 있도록 해줄 새로운 우주론을 제안한다. 인간이 누구이며 어디에서 왔는지, 어디로 가고 있는지에 대해 말해줄 새로운 우주론이 필요하다. 따라서 새로운 우주론은 기능적이어야 한다. 기능적 우주론이 없으면 인간은 다른 인간과의 관계와 우주와의 관계에서 자신에게 부여된 진정한 역할에 대해 알아낼 수 없다. 토마스 베리는 생태적 위기가 제 기능을 상실한 우주론 때문에 발생했다고 본다. 베리의 기능적 우주론은 종교 혹은 과학의 테두리를 넘어선 포괄적인 비전이다.

베리는 그리스도교의 신비는 태초부터 지속적인 출현의 과정 혹은 내부 즉 유기적 관계로서의 세상을 제대로 보여주지 못한다고 반박한다. 또한 세속의 과학은 정신성을 배제하고 물질적 영역에 중점을 두기 때문에 영적 혹은 도덕적 가치를 규명할 적절한 방법을 제시하지 못한다고 주장한다. 베리의 해결책은 역사적 발전적 과정을 새로이 이해하고 그 속에서 종교와 과학의 통찰을 결합하는 것이다. 다시 말해서, 베리의 새로운 우주론은 전통적 종교의 영적 감수성과 현대 과학의 진화적 통찰, 역사의 역동성을 통합한다. 베리는 이야기의 형식을 통해 기능적 우주론의 통합적 비전을 제시하는데, 베리는 이를 '단일의 포괄적 서술'인 '우주 이야기'라고 부른다.

우주 이야기는 '태초의 찬란한 불꽃'과 초기 우주적 진화의 단계로 시작되어 은하들, 초신성, 태양계의 형성과 지구의 출현을 향해 진행되면서 그 다음에는 생명 이전의 형태와 행성과 동물의 출현, 마침내 인간 생명의 출현으로 이어진다. 그리고 인간 역사의 발전으로 이야기가 계속된다.

베리가 '우주 이야기'를 통해 제시하려는 것은 '태초의 찬란한 불꽃'이 나타난 이래 벌어진 모든 사건과 만물이 서로 연결되어 있다는 사실이다.

태초의 찬란한 불꽃에서부터 생태대까지 연결된다는 것이 우주 이야기이다. 이 이야기를 들려주는 교육이 몬테소리의 '우주교육'이다. 토마스 베리가 들려주는 우주 이야기는 우리가 배우거나 들어봐도 이해하기가 쉽지 않다.

산자연학교의 교육 방법론에 대한 주요 개념으로

4C는 현대교육의 4가지 과제 - Communication (소통), Collaboration (협업), Creativity (창의성), Critical Thinking (비판적 사고)

5F는 교사들의 5가지 태도 - Focused(명확), Firm(단호), Fair(공정), Friendly(친절), Fun(재미)

5R은 생태적 삶을위한 5가지 운동 - Reduse(감량화), Recycle(재활용), Redesign(설비재배치), Reuse(재사용), Reformulation(제품재구성)이다.

푸른평화 소비자생활협동조합

20세기 후반과 21세기를 전후해서 협동조합과 생활협동조합이 새롭게 조명되고 있다.

범세계적으로 불어 닥친 경제적 불안정과 생태적 위기 속에서 협동조합들이 갖는 생명력과 가치에 주목하면서 한국에서도 '협동조합기본법'의 제정이나 서울의 '협동조합도시' 선언 등 협동조합의 설립을 위한 제도적 장치가 마련되고 다양한 유형의 협동조합에 대한 전망을 내어 놓고 있다.

협동조합에 대한 관심은 '함께 살아가는 삶'에 대한 바람과 희망이 강해지고 있음을 드러내는 현상으로 주목받으며 신자유주의가 삶의 말단까지 지배하면서 빚어지는 자본과 노동의 갈등과 대립이나 인간과 자연의 분리, 무한경쟁 속에서의 생존에 대한 희망적 대안으로 관심을 받고 있다.

해방 이후 국민의 침체국면을 극복하기 위한 자주적이고 주체적인 협동운동을 위한 노력은 여러 방면에서 진행되었으나 가장 먼저 움직인 것은 가톨릭의 신용협동조합운동이었다.

부산 메리놀회의 메리 가브리엘라 수녀와 서울의 장대익 신부는 한국인들이 빈곤을 해결하고 자립할 수 있는 장기적·근본적 방법으로 협동조합운동에 주목했다. 그 성과로 1960년 5월 1일 부산에서 메리놀병원, 가톨릭구제회의, 그리고 성 분도

병원 직원들 중 27명이 조합원이 된 '성가신협'이 설립되었다. 이것이 바로 한국 최초의 신용협동조합이다. 그리고 1960년 6월 26일 장대익 신부는 서울에서 가톨릭 교회신자들을 조합원으로 하는 '가톨릭중앙신협'을 설립하였다. 두 흐름은 1963년 가별 수녀가 서울로 활동 무대를 옮겨 장대익 신부를 중심으로 추진되던 서울지역의 신협운동 개척자들과 접촉하고 교류하면서 서울과 부산에서 두 갈래로 시작된 신협운동이 1963년 7월 '협동교육연구원(선신 협동조합교도봉사회, 1962년 2월 설립)'으로 합류되었다.

협동교육연구원은 초창기 신용협동조합 조직과 교육을 주 업무로 시작하였다. 1964년 4월 협동교육연구원의 지도와 지원을 받아 전국 신협 대표 51명이 신용협동조합의 연합체인 '한국신용협동조합연합회'가 설립되었고 1년 후 협동교육연구원으로부터 독립했다. 이후 신용조합은 천주교구의 조합에서 기독교의 장로교, 산업별노동조합 단위로 확장되었다. 1965년 6월부터는 신협 외의 협동조합 일반으로 외연을 확대하였다. 그러나 1970년대 후반 초창기 협동교육연구원의 운영을 맡았던 메리놀 수녀회가 주관한 운영위원회가 운영에서 손을 떼면서 서울대교구가 협동교육연구원에 대한 이해나 관심 없이 운영을 맡으면서 운영이 부실해졌고, 1996년 6월 천주교 서울대교구는 협동교육연구원을 폐쇄하기에 이른다.

1980년대 농민운동 진영이 농업민주화와 사회민주화운동에 집중하는 와중에, 농민들의 농약중독과 화학비료에 의한 흙과 농산물의 오염이 현실문제로 등장하고 있었다. 그렇기 때문에 1980년대 초반에 진행된 정농회의 유기농업 강습 이래 유기농업 생산자도 조금씩 늘었고, 소비자들의 환경인식도 변하기 시작하면서 환경과 생명의 문제에서의 위기감은 환경운동과 더불어 생명운동으로 이어졌다. 생명운동인 '한살림 선언'을 통해 사회개혁운동을 시작한 원주의 민주화운동은 그 모범적 사례라 할 수 있다.

오늘날 생협은 여성을 지역의 생활주체로서 인식하고 조직하는 사회적 주부운동을 확산시켰고 수익의 상당부분을 조합원 활동에 투자하여 조합원들이 생협 운영과 지역공동체 만들기의 주체가 될 수 있는 조건을 지속적으로 만들고 있다.

생협 조합원들은 생명 가치를 지키기 위해 생산과 소비의 협동이 필요함을 인식하고 일상생활의 가치와 함께 협동하는 주민들 간의 관계가 형성되는 '지역'에 관심을 갖게 되었다.
협동조합은 동질의 열망을 가진 사람들이 함께 자신들의 바람을 실현해가는 자주적인 조직으로서 우리 민족의 맥을 찾는 일이며 향후 힘을 모을 방향과 주제를 논의하는 토대가 된다는 데 큰 의미가 있다.

협동의 가치는 마음만 먹는다고 대번에 나오는 물건이 아니라 인적 관계망의 발효기간과 뜸이 필요하다. 협동조합에서 협동하는 주체는 사람이지 자본이나 권력이 아니다. 이때 사람은 이익에 눈먼 사적 이기주의나 집단 이기주의도 아닌 개인의 평등과 자유이다. 우리 교회가 생각하는 협동조합은 거룩한 협동조합이다. 스페인 바스크 지방에 있는 몬드라곤 협동조합은 1956년 젊은 가톨릭 사제인 호세 마리아 아리스멘디아리에타 Jose Maria Arizmendiarrieta를 통해 출범했다. 이탈리아 트렌티노 협동조합연맹은 1895년에 창립되었다. 이미 한국 가톨릭 역사 안에는 사례와 모형이 있다.

우리 가톨릭교회는 공동체 혹은 소공동체, 협동, 연대라고 자주 말하면서 제대로 현실과 사회의 가치를 결합해서 만들어낸 공동체 실천 모형을 찾기가 힘들다. 역사적으로 보면 지학순 주교가 원주교구 취임 2년 후인 진광중학교를 설립하고, 1969년 10월에 '협동교육연구소'를 설립한다. 가톨릭 원주교구의 진광학교에 협동교육 연구소는 상당히 중요하고 큰 의의를 갖는다. 학교 수업의 정규과정에 있는 특별활동 시간에 협동운동에 대해 교육을 하기도 했다. 1970년에는 진광 신협, 세교 신협이 설립 되었다. 1972년 10월에 '밝은신협'이 창립되었다. 영국의 런던London과 캐나다 퀘백Quebec에서 초·중·고 대학에 이르기까지 협동조합교육을 시행하고 있는 것을 보면 지학순 주교가 예언자적인 비전을 가졌음을 알 수 있다. 교구 하나가 어디에 설정 되느냐, 그 교구에 어떤 주교가 취임 하느냐 하는 것이 무슨 큰 차이가 있겠냐 싶지만, 그 후의 역사를 보면 한 순간의 결정으로 인해 아주 다른 결과가 나타날 수 있다는 것을 알 수 있다.

한국 가톨릭은 장대익 신부, 가별 수녀, 장일순 선생, 지학순 주교의 공동체 비전과 생태적 비전을 받아들이지 못한 것은 현대 가톨릭 교회사에 있어서 성찰해야 될 중요한 부분이다.

1960년대의 부산의 신협이 1970년대 원주 신협으로 발전하고 더 나아가서 1980년대의 한살림 생협으로 발전하였다. 이러한 전통과 흐름은 1990년대 대구 푸른평화 태동의 밑거름이 되었다.

대구시 달서구 월배성당에서 시작이 된 푸른평화는 '생명경제, 주민참여, 지역자치'의 슬로건 아래 1990년 4월 22일 지구의 날 행사 참여를 계기로 생명공동체 운동을 시작하였다. 푸른평화운동은 생태운동으로 일상생활에서의 우유 팩이나 폐식용유를 모으는 실천생활운동 및 농촌 농업 농민을 중시하는 운동이었다. 생태의 불모지인 지역 공동체 안에서 10평의 매장에서 시작한 도농직거래 운동이 나중에는 생협운동의 실천과 생태적 삶을 추구함으로써 인간 위주의 '문화적 자폐증'을 극복하고 새로운 생태적 인간상을 창안하고자 노력하였다. 월배와 상인본당 안에서 시작한 푸른평화는 이제 본당에서 독립하여 지역사회 운동의 축으로 활동하고 있다. 특히 달서구에는 푸른평화운동의 결과로 소비자생활협동조합이 10주년을 맞이하였다. 우선 월배성당에서 어떻게 푸른평화를 시작하게 되었는지 그 시작과 과정을 다시 살펴 볼 필요가 있다.

월배성당의 녹화 프로젝트는 중요한 모형이다. 1990년부터 20년 동안 개인이나 그 지역의 종교인, 지역주민들이 자발적으로 다른 본당의 지원없이 자생적으로 보통의 매장에서 농촌살리기 운동 마켓으로 활동하다가 이제는 대구·경북의 가장 오래된 소비자 생활 협동조합으로 우뚝 선 것은 이익을 추구하는 영리목적이 아니라 결사체였기 때문이다. 왜냐하면 모형이나 모범을 제시하는 것은 거기에서 영감을 얻고 용기를 얻을 원천으로 여겨야 할 것이다. 특별히 뛰어난 리더 없이 보통의 주부들이 운동을 통해 협동조합운동을 설립했다는 것에 의의가 있다. 지금은 지역의 발효소 역할을 하고 있다.

태동기의 주요 활동으로 합성세제 안 쓰기, 폐식용유를 이용한 저공해 비누 만들기 등의 화학·화공약품 추방운동, 우리밀 살리기, 수입 농축산물 안 먹기, 가공 식품 추방, 유기 농산물 거래 등의 더불어 사는 밥상운동, 우유 팩 수집, 캔 수집, 되살이 장날 등의 재생운동, 생명학교, 자연학교 등의 교육운동을 전개 하였다. 1994년 6월 5일 한마음한몸운동 환경보전부에서 주최하는 제2회 '천주교 환경상'을 수상하였으며, 같은 해 푸른 평화는 매일신문으로부터 늘푸른환경대상, 2008년 제3회 가톨릭 환경대상을 수상하였다.

푸른평화운동을 활동단계로 나누면 1990년은 1단계로 화학·화공약품 추방운동, 1991년은 2단계로 더불어 함께 사는 밥상운동, 1992~3년은 3단계로 재생운동(4R운동), 1994~6년은 4단계로 협동조합을 통한 생활자치운동, 1997~2001년은 국제생명운동, 2002년 이후는 6단계로 인간을 포함한 모든 종種의 살림과 평화를 위한 새 우주론을 주창해 왔다. 푸른평화운동은 환경과 생명을 지키고 생태계를 보존하며, 더불어 함께 살아가는 생명공동체 정신을 일깨우고 가정살림, 지역살림, 지구살림에 투신하는 생명운동이라고 할 수 있다. 푸른평화운동의 기본이념은 '생태적 삶, 생명경제, 생활자치'의 삼생三生운동을 지향한다.

이를 구체적으로 살펴보면

첫째, 더불어 함께 사는 생태적 삶을 이룩하기 위해 우주만물, 삼라만상은 모두 한 생명체라는 유기체적 인식과 생명운동의 기본은 신비주의와 영성회복이라는 점, 그리고 여성의 모성회복과 새로운 자리 매김을 통한 신사회운동을 표방한다.

둘째, 근검. 절약. 재활용의 주민참여 생활자치운동을 확산시키기 위해 지역사회 내에서 4R운동을 실천하고 풀뿌리 민주주의의 실현을 위해 주민참여, 지역중심, 생명정치의 기반조성을 벌이고 있다.

셋째, 유기농산과 도농직거래를 바탕으로 하는 생명 경제운동과 지역 문화 운동을 실천하고 있다. 이를 위해서 도시 생활자인 소비자와 생명의 일꾼인 농민이 더불어 함께 살아야 한다는 공동체정신이 바탕을 이루고 우리농촌살리기운동을 모태로 생활협동조합운동을 통한 녹색경제를 지향하고 있다.

주요 활동의 방향 또한 여섯 가지 측면에서 살펴 볼 수 있다.

첫째, 생태계 보전을 위한 환경활동

둘째, 더불어 사는 생산자, 소비자 공동체 양성을 통한 생협운동과 농촌 살리기 활동

셋째, 풀뿌리 지역 문화와 지역 복지 및 생활 자치 운동으로 소말리아 난민 돕기, 북녘 동포 살리기, 수재민 돕기 등을 실시하였다.

넷째, 생명사상 및 생명문화 확산을 위한 국내. 국제 간 연대, 교류활동으로 낙태 허용법 반대, 사형제도 반대, 인권영화제 후원 등의 활동이 있었다.

다섯째, 출판. 예술. 기획. 조사. 교육활동으로 어린이와 청소년을 위한 자연학교를 개최해왔으며 그 결실로 2003년에는 푸른평화 오산자연학교를 개교하였다. 2007년에는 대안학교 산자연학교 초등과정을 개교하였다.

여섯 번째, 환경단체 간의 연대활동으로 안동 생명공동체와 유기적으로 연대하며, 우리밀 대구·경북 협의회를 구성하여 우리밀 살리기 운동을 펼쳤다. 또한 일본 BMW 기술협회를 가동하여 활발하게 활동해오고 있다.

이렇게 대구·경북 지역 안에서 다양한 생태운동을 하였음에도 불구하고 교회 안에서 뿌리내리지 못하고 지역의 대표적인 생협운동으로만 활동하고 있다. 운동의 시작인 1990년대의 월배

BMW

B(박테리아), M(미네랄), W(물)는 생명활성수를 나타낸다. 1995년 11월 일본 북부지방의 요네자와 목장의 농민운동가 이토 고키치(伊藤幸吉)로부터 배워서 한국에 최초로 도입하여 1997년 7월 경주 BM농가에 설치한 이래 전국 100여 곳으로 확산 보급시켰다. BMW기술협회를 가동하여 기술의 확산 및 보급을 위해 한일 교류회, 국내 교류회, 아시아 BM 기술교류회 등을 개최하고 국내 최초로 인분을 이용한 생태 화장실과 생활폐수처리 플랜트를 설치하였다. BMW 기술을 통해 화장실, 주방의 폐수를 정화시키는 도시환경 운동으로의 접목을 추진하였다. BMW 자연순환 시스템은 친환경농업 발전에도 공헌해 오고 있다.

본당과 상인본당, 2000년대의 고산본당과 경산본당은 후임 사목자의 일관성과 지속성의 부족으로 본당의 녹화는 그 시기의 한때로 끝나고 말았다. 본당과 지역의 연대성에 실패하였고, 푸른평화가 다른 사목자에게 연계되어 교회 안에서 더 큰 열매를 맺지 못하고 교회 밖에서 활동을 하고 있다. 20년이 넘는 생태운동이 교회 안에서 신앙운동으로 정착하기 위해서는 이러한 필자의 투신과 노력들이 이 시대의 생태비전에 부합한 본당 생태 사도직의 모델을 창안할 때 푸른평화의 사례가 도움이 될 것이다. 또 한 가지 분명한 것은 교구이든 본당이든 지역과 시민

사회와 함께 하는 생태영성만이 교회 복음화에 성공할 수 있다고 본다. 앞으로 생태 복음화는 시민 사회의 갈망을 공감하고 본당을 지역사회에 개방할 때 풍요로운 성과를 거둘 수 있을 것이다.

실천모델
'생태마을'

토마스 베리는 현재의 인간 상황을 이렇게 표현하였다. 20세기에 이르러 인간의 영광은 지구의 황폐화가 되었고, 지구의 황폐화는 인간의 운명이 되었다는 것이다. 거꾸로 말하면 사회의 시스템을 포함한 문명의 방향전환이 없이는 지구의 급격한 멸종 위기의 해결 그리고 인류의 지속적인 생존은 있을 수 없다. 우리 미래가 더욱 큰 지구 공동체의 미래에서 분리될 수 없다는 사실이다. 그러나 최대의 위기는 단지 기술의 위기가 아니다. 위기의 정체는 '종으로써 우리는 누구인가?(Who are we a speices?)'에 대한 물음이다. 비록 인간이 긴 역사를 통하여 도전과 응전에 직면해 왔지만 우리는 이전에 우리 전체 지구와 종에 대한 도전에 결코 마주한 적이 없다. 우리 시대의 위기는 한 가지 결정적인 면에서 '원이 닫혀 있어서 탈출할 곳이 없다.'는 것이다. 처음으로 인류 전체가 그 해결책과 대안을 위해 힘을 합쳐 공동작업을 하도록 요청하는 위기에 처해 있다. 토마스 베리는 이렇게 말한다.

"모든 인간 제도와 직업과 프로그램과 활동은 일차적으로 인간과 지구의 상호 고양 관계를 방해하거나 무시하거나 촉진시키는 정도에 따라 판단되어야 한다."

행성지구의 운명은 3개의 시나리오를 그릴 수 있다. 하나는 지금의 '기술대(tecnozoic)'로 가는 것이고, 도로의 병목현상처럼 기술은 우리의 목을 죄이고 있음에도 불구하고 기술이 모든 것을 해결해 주리라고 믿는 것이다. 또 하나의 시나리오는 문명의 시계를 거꾸로 돌리는 생태적 낭만주의라고 볼 수 있다. 우리가 1만 년 전 과거 농경사회나 자급자족의 천·지·인天·地·人이 잘 조화되었고 폐기물이 없었던 중세의 시토, 베네딕도, 프란치스코 수도원 공동체로 돌아갈 수는 없다. 제3의 길, 즉 토마스 베리가 제안한 기술대가 아닌 생태대로 향하는 길이다. 토마스 베리는 '생태대(ecozoic)'의 실현은 기능적 우주론의 3가지 윤리적 명령으로 이루어진다고 본다.

이 윤리적 명령은 우주 생성의 원리이다. 그 원리는 분화, 주체, 친교(communion)이다. 공동체(communtity)는 라틴어 communio에서 나왔다. 제3의 길은 공동체를 건설하는 것이다. 새로운 형태의 생태 공동체나 마을을 세우는 것이 제3의 길이라고 본다.

전 세계적으로 지구 돌봄을 기초로 한 비전을 살리려 하는 공동체들이 속속 생기고 있다. 이러한 공동체들도 그들 나름대로 다른 비전과 목적을 가지고 지구의 지속가능한 미래를 위해서 생태적인 지향으로 새로운 삶의 양식을 만들어 가고 있다. 이러한 녹색 공동체들은 희망의 징표들이다. 현대인들이 전 세계적으로 대안 공동체를 찾거나 건설하려는 이유는 금융자본주의나 경쟁으로 인한 성과사회로부터 벗어나서 생태적이며 인간적 유대와 관계 속에서 신에덴(New Eden) 같은 공동체를 이루며 살고 싶은 갈망의 표현이라고 생각한다.

사실 OECD에 가입한 나라들 중에 가장 빠른 속도로 공동체가 무너진 나라가 바로 한국이다. 공동체를 사전적 의미로 '생활이나 행동 혹은 목적 따위를 공유하는 집단'으로 정의한다면 넓은 의미로 공동체는 현대사회에서 얼마든지 의미 있는 개념으로 잡을 수 있다. 한국에서도 풀뿌리공동체운동의 다양한 시도들 예컨대 성미산 마을 공동체와 원주 협동조합운동을 볼 수 있다. 단순히 기존 사회에 전면적인 대안이 아니라 보완적인 대안공동체라고 할 수 있다. 특히 생태적인 초미니 공동체라고 특징을 지을 수 있다.

2008년 4월 10일 자 미국 포브스The Forbes는 현존하는 세계 8대 유토피아 도시를 선정하여 발표했다. 여기에는 미국의 아르코산티Arcosanti, 애리조나 주, 에코빌리지Ecovillage, 뉴욕 주, 트윈 오크스Twin Oaks, 버지니아 주, 더 팜the Farm, 테네시 주, 영국의 핀드혼

Findhorn, 독일의 제그ZEGG, 오스트레일리아의 크리스털워터스 Crystal Waters, 일본의 야마기시〔山岸〕공동체가 포함되었다.

듀엔 엘긴Duane Elegin은 소비주의의 광기에서 '조용한 혁명'(a quiet revolution)이 일어나고 있다고 진단하고 그 혁명은 '자발적인 소박함'과 영혼이 풍부한 삶으로 나타난다고 말한다. 지구의 모든 생명에 대하여 존경하는 마음 즉 감사함을 배양하는 삶이다. 의식적인 소박한 삶의 중심에는 경험적인 영성의 형태가 있다. 냉소주의가 만연한 현 사회와는 대조적으로 신성함의 체험을 받아들이고, 가치 있게 여기고, 신뢰하는 사람들의 공동체이다. 이러한 삶의 방식이 다음 다섯 가지 모습으로 출현할 것이라고 소개하고 있다. '지속가능한 경제개발, 경제정의, 새로운 형태의 공동체, 정치체계의 더 광범위한 참여, 인간 잠재력의 개발, 그리고 더 문명화된 진보'라고 진단하고 고립되어 의미가 없는 것처럼 보이는 작은 변화들이 나비효과처럼 수백만의 사람들에 의해 함께 움직일 때 엄청난 영향을 줄 수 있다고 말한다.

최근에 우리 한국에서도 마을 만들기의 그 배경에는 지역사회 주민들의 협동을 풀뿌리 차원에서 이끌어내려는 협동공동체와 새로이 공동체를 형성해 그곳에서 함께 행복한 생활을 추구하려는 대안공동체의 등장에 따른 것이다. 녹색도시, 유기농, 삶과 건강, 대안 에너지, 로칼 푸드, 그린 비즈니스 등 다양한 표현 속에서 드러나는 것은 급진적인 사회구조의 변화를 추구하기 보다는 사회적 기업, 마을 기업, 협동조합 만들기를 통하여 새로운 대안 공동체를 열망하고 있다.

필자가 이사장으로 있는 (사) 커뮤니티와 경제는 2012년 1월에 발족한 비영리 사단법인으로 '지역·공동체·일자리'를 핵심화두로 두고, 지역에서 공동체를 통해 일을 찾고 지역을 상호 호혜의 살기 좋은 곳으로 만들어가고자 하는 목표를 두고 있다. 지역이 공동화되어 가고 자생적 발전 동력을 잃어가고 있음과 동시에 지역민들의 삶터로서의 애착과 정서적 유대감이 상실되어 가는 시대적 상황에 직면하여, 자치와 협력을 근간

사회적기업, 마을기업, 협동조합

사회적경제라는 신뢰와 나눔, 호혜를 근간으로 하는 경제영역으로서 사회적기업은 취약계층에게 사회서비스 또는 일자리를 제공하여 지역주민의 삶의 질을 높이는 등의 사회적 목적을 추구하면서도 재화 및 서비스의 생산·판매 등 영업활동을 수행하는 기업이다. 마을기업은 커뮤니티비즈니스라고도 하는데 지역이 가지고 있는 문제를 해당 지역에 사는 사람들이 주체가 되어 지역의 다양한 자원을 활용하여 비즈니스의 형태로 해결하는 기업이다. 사회적기업과 마을기업의 근간이 되는 철학과 가치를 담는 협동조합은 재화 또는 용역의 구매·생산·판매·제공 등을 협동으로 영위함으로써 조합원의 권익을 향상하고 지역 사회에서 공헌하고자 하는 사업조직으로 자조, 자기관리, 자기책임을 핵심가치로 삼고 있다. 대구경북에는 2013년 8월 현재 사회적기업 95개(대구44개, 경북51개), 마을기업153개(대구72개, 경북81개), 협동조합180개(대구90개, 경북90개) 등 428개의 사회적경제영역의 기업들이 활동하고 있다. '커뮤니티와 경제' http://www.cne.or.kr/ 홈페이지 참조.

으로 지역을 살만한 삶터, 일터, 쉼터 그리고 공동체성이 자리한 고향으로 만들어 보자는 목적으로 지역의 다양한 계층의 청장년들이 중심이 되어 설립한 비영리 사단법인이다.

(사)커뮤니티와 경제는 공동체학교를 비롯하여 마을 만들기 사업, 마을공동체사업, 평생학습리더교육 등 공동체운동을 지역사회에서 불러일으키기 위한 다양한 교육 및 워크숍, 지역연구, 자원조사 및 네트워크 사업 등을 진행하고 있으며, 특히 사회적경제 영역의 사회적기업, 마을기업, 협동조합 지원사업을 통해 '인간의 얼굴을 한' 자립적, 자생적, 자활적 지역사회를 디자인하고자 활동하고 있다.

구체적으로는 사회직기업·마을기업·협동조합 등을 통해 지역의 사회서비스 확충과 일자리 창출, 지역문제 해결과 공동체 활성화·지역경제 활성화를 위한 제반 사업들을 수행하고 있다. 현재 법인 산하에 사회적기업통합지원센터, 마을기업지원센터, 협동조합지원센터를 운영하고 있으며 2013년 10월 현재 컨설턴트 및 연구원으로 총 22명의 활동가가 일하고 있다. 사회적기업과 마을기업, 협동조합을 활성화하기 위해 민관 커버넌스 활동을 위한 조직으로 사회적기업 중간지원조직을 전국 17개 광역단체에서 16개 광역단위에 두고 있는데, 전국 중간지원조직 중 유일하게 두 개의 광역을 포괄, 대구경북을 총괄 지원하는 중간지원조직의 역할을 수행하고 있다.

가톨릭교회는 이런 공동체운동과 연대할 필요가 있다고 생각한다.

생태마을 만들기의 필요성

많은 수도원들이 문을 닫고 그 수가 줄어듦에도 불구하고 다시 중세처럼 지역에서 또는 유럽 사회에서 떠오르는 대안 녹색 수도원의 부활이 나타나고 있다. 독일 남부의 프랑크슈테텐 베네딕도 남자 수도회와 독일 중부의 아이빙 엔의 힐데가르트수녀원이다. 베네딕도 수도 생활의 유산뿐 아니라 생태중심적 관점에서 수도원 자체를 개혁하였다. 두 수도원은 기존 수도원의 패러다임에서 전환한 생태 공동체의 모델이 될 것이라고 본다. 특히 프랑크슈테텐은 우리 시대의 개혁 수도원이며 생태 수도원이다. 이 수도원은 1991년에 도미니쿠스 수도원장이 생태농업이야말로 그리스도교 세계관에 부합하는 것이라고 수사들을 교육하고 일깨웠다. 그는 우리의 생활방식과 경제방식이 가능한 한 하느님의 창조와 하나 되어 함께 어울리도록 지역경제순환원칙을 세우고 자급자족의 삶을 살고 수도원의 모든 에너지를 화석연료를 중지하고 자연에너지로 전환하였다. 이런 자각은 대부분 유기 농업에서 나타나고 있다. 인간과 지구 관계에서 첫 단계는 생명을 가져다주는 경이로운 지구의 현존과 연관되기 때문일 것이다.

토마스 베리는 오늘 우리 세기에 이르기까지 인간이 지구 황폐화를 치유하는 수도원 공동체가 설립되지 않았다고 비판하고 새로운 생태 여자 수도 아홉 공동체를 소개한다. 특히 '녹색 산 수도원(Green Mountain Monastery)'이라고 이름을 붙인 이 공동체는 새로운 우주론의 비전과 토마스 베리의 사상에 고무되어 수녀들이 하느님 찬미를 기도, 침묵, 배움, 지속가능한 농업, 그리고 예술로 생활을 하며, 행성 지구에 대한 선구적 방식으로 지구를 보호하고 보존하는 공동체로 나아간다. 또 맥길리스 수녀는 제네시스 농장에서 우주 이야기와 이 이야기가 인간의 존재의미와 사회변혁을 위해 갖는 의미를 탐구하는 인가받은 프로그램을 발전시켰다. 아홉 수녀원은 상호 관계적인 영적 공동체로서의 우주 수도원으로 생각할 수 있다. 놀라운 것은 수녀와 여성 평신도로 구성된 '지구의 자매들'이라는 연합체가 구성된 것이다. 홀라키의 공동체라고 할 수 있다.

한국 가톨릭에는 아직까지는 그런 수도원 공동체가 등장하고 있지 않다. 생태 시대를 위한 토마스 베리의 제언들 중에 수도원이 독일의 프랑크슈테덴 수도원처럼 '생태지역(bioregion) 맥락'에서 기능하는 수도원은 거의 없어 보인다. 유기농 잼, 메주, 소시지, 농산물과 성물 등을 만들어 판매하는 수도원들이 있지만, 살아있는 생태적 공동체의 사례가 아직 나오지 않지만 잠재적 가능성이 있다. 생태위기를 초래한 이원론, 인간중심주의, 개인주의를 치료할 수 있는 것은 공동체이다. 한국 가톨릭교회가 지구중심 공동체 즉 생태를 통합한 공동체를 재개발할 필요가 있다. 왜냐하면 그리스도교의 기원은 공동체에서 시작되었기 때문이다. 가톨릭교회의 역할은 공동체가 이렇게 쉽게 와해되는 한국 현실 속에서 '지속가능한 인간과 지구의 관계'를 공동체 안에서 실현시키는 것이다. 단순히 수도원의 유지가 아니라 생태 공동체가 회복되어야 하는 것이다. 한국 가톨릭교회가 진정한 생태 종교로 거듭나기 위해서는 첫째로 수도원의 녹화가 시작되어야 한다고 본다.

마을 만들기는 커뮤니티community를 새롭게 디자인하는 작업이라고 할 수 있다. 마을(공동체)의 위기나 비전을 공유하는 지방 정부, 주민, 상인 등이 나서서 공동의 영역을 형성하면서 도시를 되살리려는 시도가 바로 마을 만들기이다. 자연환경적인 측면에서 거주지의 자연서식지를 보호하고, 고형 폐기물을 재활용하며, 친환경적인 재료로 건물을 짓고, 재생 가능한 에너지를 사용하고, 자동차 이동거리를 최소화하는 등의 생태계에 최소한 영향을 주는 것을 원칙으로 한다.

인간의 생물학적 생존에서 불가피하게 드러나는 '약함'을 보듬어 주고, 자칫 단절 속에 고독과 불안에 매몰될 수 있는 생활세계를 '돌봄'의 힘으로 경쾌하게 일으켜 세워 주는 마음의 생태계가 형성되어야 한다.

생태마을은 '사회적으로 공동체를 형성하여야 하고, 생태적이어야 하고, 문화적이며 영성적이어야 한다.'라고 정의하고 실제로 구현되는 마을은 이념이나 가치관이 다양할 수 있고, 세 가지 요소 중 어느 한두 요소가 강조되기도 한다.

독일 생태공동체의 네트워크인 GEN(Global Ecovillage Network)

의 생태공동체 정신의 근본이 무엇인지 또 공동체의 목표와 기능을 위해 어떻게 공동체생활을 해야 하는지를 공동체 가치이념에 준해서 설정해 놓은 '공동체 형성에 관한 10가지 지침들'은 마을 공동체 생활 속에서 '협력'을 통한 새로운 정신문화를 창출할 수 있도록 공동체 구성원을 지속적으로 각성하게 만드는 역할을 한다. 마을 만들기에 참고가 될 10대 지침은 다음과 같다.

첫 번째, 연대감

두 번째, 구속력 또는 책임감

세 번째, 자발적인 참여와 협력

네 번째, 개성

다섯 번째, 다양함 속에서 일치

여섯 번째, 정신적인 연대감 조성

일곱 번째, 실험적인 사회형태

여덟 번째, 상호 간의 신뢰구축

아홉 번째, 구상과 기획

열 번째, 고향

요즘의 '생태적인 마을 만들기', '살기 좋은 지역 만들기' 사업은 주민의 '자발적' 참여, 주민을 위한 주민에 의한 '주민 주도형'으로 주민의 협동으로 이루어지는 사업의 결과를 마을 공동체가 함께 책임지는 '마을 주도형' 사업 방식으로 확대되고 있다. 마을 주체들은 그 지역의 고유문화를 스스로 창출하고 활용하는 능력이 필요하며 이에 대한 교육이 요구된다. 사업비 지원을 위한 마을 만들기가 아니라 공동체 구성원의 삶의 가치, 목표와 희망을 지역공동체 속에서 찾고 자연과 인간의 생태계 회복과 보존을 염두에 둔 생태마을 만들기가 필요하다.

생태마을 만들기의 원리

토마스 베리의 우주 생성 원리에 따르면 우주의 진화는 모든 시공간과 존재의 모든 단계에서 분화(differentiation), 자기조직(autopoiesis), 친교(communion)라는 특징을 갖는다고 말한다.

이 세 원리를 마을 만들기의 지평으로 확장해 보면 첫째는 분화를 다양성과 차이 그리고 개별성이나 구별성이라고 할 수 있다. 분화는 자연에서 개체의 다양성뿐 아니라 종의 다양성을 존중하기 때문이다. 우주에서, 각 존재마다 자체 특성을 지니며 현재의 다양성으로 이 세상이 아름답고 풍성하게 된다. 마을 만들기가 획일적이어서는 안 된다. 지역마다 산지가 다르고 먹을거리가 다르고 풍수가 다양하다. 마을 만들기는 새마을 운동처럼 획일화로 가서는 안 된다. 마을 만들기의 특화사업은 환금작물로 균일화로 나갈 것이 아니라고 본다. 마을 만들기는 '생태지역주의'에 입각하여 그 지역에 맞는 다양한 특화사업을 구상해야 될 것으로 본다.

마을 만들기의 둘째 원리는 자기조직이다. 자기조직은 스스로 자치한다는 말이다. 타他에 의존하지 않고 타에 지배되지 않고 스스로 자발적으로 각자의 존엄성과 자유의 힘으로 만든다. 베리가 서술한 것처럼, '우주는 그 내부에 정신과 영적 측면 뿐 아니라 물리적·물질적 측면을 지닌다.' 이런 점에서 각 개체는 존중되어야 할 자체 존엄성과 권리를 지니며, 그렇게 모든 것은 단순히 사용되는 물질 혹은 많은 것들 중 하나로 인식되어서는 안 된다. 마을 만들기가 자발적이어야 하는 것은 각 개인의 자유가 존중되어야 함을 의미한다. 개개인의 자발적인 관계가 공동체로 협동조합으로 외화되기 때문에 개개인의 자유와 평등과 내면성에 기초해야 한다. 공동체가 지속되지 못하고 와해되는 것은 자기 조직에 의하지 않았음을 보여주는 역사적인 실례가 적지 않다. 정부가 주도하에 펼쳤던 생태마을 만들기와 농촌개발프로젝트가 부도사태에 직면하거나 중지된 사례가 그러하다.

  마을 만들기의 세 번째 원리는 친교 즉 관계 내지는 관계맺기이다. 친교는 우주 전체가 서로 관계한다는(연결성이 있다는) 사실을 보여준다. 베리는 분화가 주는 차이와 친교에서 오는 친밀함이 존재의 기본적 명제를 형성하고, 우주의 만물은 이 상호 관계 속에서 스스로를 성취한다고 기술한다. 베리는 진화의 과정 전체가 이 친교에 의존한다고 주장한다. 우주는 연대감 속에서 서로 의존하며 호혜를 통해 진화한다. 특히 친교는 인간이 어디에 속해 있는지, 지구상에서 어떻게 살아가는지를 보여준다. 친교의 능력은 다양한 존재의 그룹 내에서 관계와 존경, 협력을 증진하는 한편 고유성과 통합을 존중한다. 그러므로 생태 마을 만들기는 단순하게 친환경마을을 만드는 것이 아니라고 본다. 갑자기 지자체가 생태마을이라고 선포하거나 건물 몇 채 짓고 구획을 정하는 것은 결코 마을이나 공동체가 아니다.

마을 만들기는 우주 생성의 원리에 입각해야 하고 그 원리를 따를 때 공동체가 가능하다. 우주 기원 원리는 제각각 자체 특징을 지니지만 또한 기능하는 우주 속에서 다른 법들과 상호작용을 한다. 이들 원리로 인해 사람들은 우주 전체성과 본질적인 가치를 볼 수 있게 되는 것처럼 마을 만들기도 우주 진화의 원리와 일치할 때 각 마을의 독창성과 다양성 그리고 다른 마을과 연대와 협동이 일어날 것이다. 1960년대에 시작된 신협협동조합운동이 오늘날 금융조합으로 전락한 사실은 우주 진화의 세 가지 원리를 존중하지 않았기 때문이라고 본다. 1980년대와 90년대에 가톨릭교회 안에서 일어났던 우리농촌살리기운동, 우리밀운동, 행복한 가정운동, 본당 공동체의 녹화운동 등 많은 운동이 지속가능하지 않고 명맥만 유지하거나 사라진 것도 우주 생성의 3대 원리를 기초하지 않았기에 발전되거나 진화하지 못하고 더 큰 결실을 맺지 못한 것이다.

'기초생산공동체'가 없고 토착 농민 마을이 없어지고 있으며 식량 자급률이 30%에 불과한 위기의 농촌이다. 교회가 공소 공동체를 중심으로, 혹은 우리농촌 운동을 중심으로 하나의 기초 농촌 생산공동체를 양성하는 일이 시급하다고 본다. 그리고 도시에서는 본당을 중심으로 산지 공동체와 연대하고 자연을 순환시키는 농업에 참여하여 지구에 부드러운 도시를 만들려는 노력이 필요하다. 도시는 도시대로 농촌은 농촌대로 기초공동체 또는 생태마을을 그 지역에 맞게 만들어야 한다. 시토 수도원, 창세기 농장을 모델로 삼아 농업을 다시 시도하는 사언학교, 자연을 순환시키는 농법, 자연체험마을, 지구에 부드러운 마을, 순환 공생형 마을 만들기 모델이 필요하다.

　우선 생태마을은 축복을 나누는 농업에서 시작된다. 식량은 21세기의 최대의 과제이다. 그러나 지구에 부드러운 농업이다. 지구에 순順한 농업은 곧 폐기물을 남기지 않는 자연의 순환작업을 이용하여 농축림農畜林의 결합을 회복시키는 화학비료나 농약을 가능한 한 사용하지 않는 농업을 지향한다. 좋은 삼림을 만들면 좋은 물이 생기고 그것이 농農이나 축畜을 윤택해서 하게 한다. 또 가축의 분뇨는 그대로 방치하면 악취를 발하고 하천오염의 원인이 되지만 BMW 같은 분뇨 처리시설을 이용하면 농사에 있어서 가장 중요한 좋은 흙의 근원이 된다. 좋은 흙을 사용하면 화학비료나 농약의 투입량을 억제할 수 있다. 농축림農畜林의 축복을 잘 순환시키고 각각이 서로 연계된 농업이야말로 지속 가능한 농업이고 21세기에 지향해야할 본연의 모습이다.

축복을 순환시키는 농업을 실천하기 위해서 생산자와 소비자와의 연계, 지구에 순한 체험형 녹색 성지순례, 태양열, 태양광 발전의 소프트에너지의 적극적인 도입, 지구에 부드러운 생활, 절제와 노동, 마을 안에 지구에 순한 마켓이나 레스토랑, 생태자산(좋은 흙, 좋은 물, 좋은 공기, 좋은 삼림, 좋은 들판, 좋은 경관, 좋은 자연)을 지키고 따뜻한 얼굴을 한 경제시스템, 가능한 한 자연에 손을 대지 않고 있는 것은 살리는 궁리를 하는 것, 생태박물관 건설, 단순히 자연관찰만이 아니고 체험과 감동을 중시한 새로운 자연체험 프로그램, 버섯찾기, 반딧불 오래보기, 유채꽃 프로젝트, 별관 측, 숲에서 시낭송, 산나물 교실, 농장에서 발효식품 만들기 등 체험과 감동을 주제로 한 숙박형 생태교육, 지역인의 자발적 단순한 삶(simple life) 등 얼마든지 구상할 수 있다.

생태마을 만들기의 전체를 꿰뚫은 핵심은 '창조와 축복중심의 영성'이다. 이 영성은 자연의 순환작용을 최대한으로 이용하고 지역 안에서 영성과 삶이 분리되지 않고 사물, 축복, 지혜, 기技를 순환시킴으로써 지역의 활성화를 도모하는 것이다. 마을 공동체를 만드는 것은 개인적·도덕적 의지만으로는 어렵다. 새로운 삶의 양식, 가치관은 개인의 실천이기도 하지만 사회적 실천, 즉 제도의 힘 또는 문화의 분위기가 뒷받침 되어야 한다.

유채꽃 생태 혁명
- 유채꽃이 가져오는 자율과 자립(마을)

우리도 늦었지만 2015년에 경주에서 유채꽃 회담 서밋을 개최할 예정이다. 유채꽃 프로젝트를 시대정신으로! 왜 유채꽃인가? 유채꽃이 지구와 지역을 구할 수 있는 구원자가 될 수 있을까? 관념론이 아닌 전국 어디서나 누구나 할 수 있는 구체적이고 쉬운 지역모델 '순환형사회의 지역모델' 구현을 유채꽃 프로젝트가 할 수 있다고 본다. 늦었다는 것은 독일이나 일본에 비해서 늦었다는 것이다. 우리나라에서도 한때 여기 저기에서 유채꽃 붐이 일어났지만 사라지고 말았다. 모든 일은 어떤 지향에서 시작하느냐에 달렸다고 본다.

정부주도 사업의 실패에서 배운다

'지역의 의지'가 아니라 정부가 주도권을 쥐고 농가소득의 증대와 국산 바이오디젤 원료 확보 차원에서 바이오디젤 원료용 유채시범사업을 2007년부터 2009년에 걸쳐 시행하였다. 전북 부안, 전남 장흥과 보성 지역에 각각 500ha, 제주도에 500ha를 시범 재배 지역으로 선정해 유채를 파종했다. 정부는 유채를 생산하는 농가에게 ha 당 170만 원의 보조금을 지급하고, 이 시범사업의 결과를 토대로 국내 유채생산기반을 조성하고자 하였다. 그러나 이 사업은 예상에 못 미치는 성과를 내며, 3년간의 유채생산 시범사업이 종료되었다. 정부주도의 사업은 늘 이런 식으로 쳇바퀴 돈다고 진단된다. 왜 종료가 되었을까? 이유는 바로 이것이다. 우리가 원하는 것은 우리의 문제를 스스로 풀어가는 과정에서 지역의 문제를 미연에 예방하는 '자율과 자립'이다. 가능한 한 지역에서 만든 것을 지역에서 활용한다. 문제에 대한 마음가짐이 중요하다. 누가 시켜서가 아니라 우리의 필요에 의해서 우리가 행동한다는 것이다.

1990년에 발생한 푸른평화

대구의 푸른평화운동은 1991년 페놀사태에서 폐식용유를 회수하여 비누만들기를 스스로 자발적으로 하여왔다. 이른바 페놀에 대한 '고발형', '대결형' 생태운동에서 합성세제를 추방하고 비누를 만드는 '창조형 대안운동'으로 나아갔다는 점이다. 그러나 일본은 1970년부터 시작된 독일의 유채꽃 운동에서 BDF 즉 바이오 디젤을 만드는 방법을 배워 1980년부터 일본의 타카지마시에서부터 한 단계 더 발전하다. 하지만 우리는 더 이상 폐식용유 회수를 통한 비누운동이 에너지 문제와 농업문제를 해결하고자 유채꽃 심기운동으로 나아가지 못한 점이 뼈아픈 실책이었다. 제1단계 비누 재활용, 제2단계 BDF 재활용 그리고 제3단계 유채꽃 심기에 있어서 우리는 2단계와 3단계를 동시에 연동하여 지역자립의 자원순환 사이클의 모델을 만들자는 것이다. 이제 우리는 유채꽃 심기운동을 다시 시작하는 것이다. 그러나 모든 운동은 '자율과 자립'이 중요하다. 우리는 정부의 보조금을 받아 푸른평화를 한 것이 아니다. 이른바 나비효과이다. 자율과 자립의 연대의 폭을 넓혀 가는 것이 생활의 부활이며 자연의 부활이다. 단순히 머릿속으로 친환경으로 살아간다는 것이 아니다. 매일 생활의 혁신을 통해 자연과 공생하는 삶을 만들어간다는 우리의 운동목표이다. 이 목표에 공감하는 사람들의 고리를 엮어 가는 것이 지속 가능한 사회를 만들어가는 방법이라고 생각한다. 우리 동네 무학신에도 송전탑이 있고 길마다 전봇대가 있다. 밀양의 송전탑, 청도의 송전탑 문제를 해결하기 위해서는 송전탑을 철거하는 것도 중요하지만 우리가 에너지를 절약하고 원전을 폐쇄하고 그리고 지역에서 에너지를 자립하는 것이 무엇인지 고민하지 않으면 이 문제를 해결할 길이 없다. 절전하라는 식의 개인적인 것으로 환원해 버리는 것은 근본적인 문제를 해결하는데 아무런 도움이 되지 않는다. 문제를 사적으로 해결하는 것보다는 협동하여 지역에서 자원순환형의 사회를 만들기 위해서 사회적 참여나 연대를 하지 않으면 안 된다. 우리가 유채꽃을 들고 나온 것은 꽃이 예뻐서가 아니라 이런 비전과 목표를 실현시킬 수 있는 '사회적공통자본'이기 때문이다. GNP(국민총생산)나 GDP(국내총생산)라는 이상한 말로 우리를 헷갈리게 하지 말고 유채꽃을 통하여 지속가능성을 고려하자는 것이다.

지구의 자원은 한정되어 있는데 GNP가 자꾸 올라간다는 것은 삼척동자라도 웃을 계산법이 아니겠는가?

・ BDF란?

유채유로 만들어진 BDF는 겨울철에는 점도가 높아지기 때문에 다소 불편한 점이 있지만, 그것도 경유와 섞으면 문제없다는 것이다. 게다가 독일뿐만 아니라 옆 나라인 오스트리아를 시작으로 EU 전체에서도 이 BDF가 보급되기 시작하고 있다는 것이다. BDF는 경유와 달리 황산화물질을 배출하지 않는다. 검은 연기의 발생도 경유의 1/3이하이다. 또 경유와 비교하여 인화점이 높아 보관상으로 안전하다. BDF도 이산화탄소(CO_2)는 배출하지만 BDF가 연소될 때 나오는 CO_2는 식물이 생장하는 과정에서 흡수한 것이기 때문에 국제적으로 CO_2의 수치는 0으로 간주된다. 즉, 화석연료인 경유를 대신하여 BDF를 사용하면 CO_2 삭감으로 이어져, 기후변화 방지에도 공헌할 수 있다.

우리가 언제까지 석유를 사용할 수가 있나? 사고나 고장이 잇따르는 핵발전소를 두고 걱정만 할 수 없지 않나? 기후변화 문제에 대해서 너도나도 말은 하지만 하늘만 쳐다보고 있을 수는 없다. 탈석유 계획을 연동하여 행동에 옮길 필요가 있다. 자신의 미래를 개척해 나가려는 의지가 바로 유채꽃 심기운동이다. 이 운동이 똑같아야 할 필요가 없다. 지역마다 다를 것이고 다면적인 운동으로 전개되지 않겠는가!

우리나라 면적이 좁다고 지적하는 사람은 유휴지가 얼마나

많은 지를 알면 놀랄 것이다. 겨우내 논이 놀고 있지 않는가? 10
월에 유채를 심고 이듬해 4월에 수확하고 다시 해바라기를 심
고 8월에는 메밀을 심고…… 유채꽃의 핵심은 바로 이것이다.

농업 르네상스

농업과 지역재생을 목표로 농업 르네상스를 실현하자는 것이
다. 농업의 다면적 기능을 구체화하자는 것이다. 식품과 농업재
생플랜이 바로 그것이다. 유전이 중동에만 있는 것만이 아니다.
논과 밭은 지역의 유전이다. 유채꽃 프로젝트는 농업을 '식량생
산업'으로만 생각하는 것이 아니라 '에너지 산업(에너지 공급자)'
으로 생각하는 것으로, 다면적기능의 구체화를 도모하려는 것
이다. 그것으로 농업에 새로운 시점이 더해진다.

농업을 시작으로 제1차산업은 지금 '힘이 빠진' 상태이다. 산
업에 꿈이나 즐거움이 없으면 활력은 생기지 않는다. 에너지 산
업으로서의 장래성이 농업에 있다는 것이 확실시 되면, 농업은
더욱 활력이 생길 것이다.

우리 유채꽃 프로젝트가 그 돌파구가 되었으면 한다.

유채꽃의 비밀

유채꽃 프로젝트를 추진하기 위해 이렇게 시작하면 어떨까?
휴경지나 전작지를 활용하여 유채꽃을 재배하는 것이다. 관상
용이 아닌 식용 유채씨를 뿌리는 것이 좋을 것이다. 왜냐하면

원래 유채유에는 '에루신산'이라는 심장병을 일으키는 인체에 유해한 지방산이 함유되어 있으며 '글루코시놀레이츠'라는 갑상선장애를 일으키는 유해물질이 함유되어 있기 때문이다.

유채유라고 판매하지 않고 카놀라유라고 기재한 이유가 바로 그것이다. 그리고 한 가지 더 중요한 것은 우리가 유채꽃을 올해 심어 내년에 저온압착제조법에 따라 NON GMO 유채유를 만든다면 다른 올리브유나 참기름보다도 그 유채유에는 올레인산, 필수지방산인 리놀산, 알파리놀렌산 그리고 비타민 E, 비타민 K를 섭취할 수 있다.

관광진흥과 유채꽃 트러스트! 지속가능한 지역의 디자인!

유채꽃을 관광이나 양봉 등에 이용한다. 꿀벌에게 희망을!

머지않아 열매를 맺으면, 수확된 유채씨를 착유하여 유전자조작(NON GMO)을 하지 않은 안전하고 안심할 수 있는 유채씨유를 가정에서나 학교급식에 이용할 수 있다.

착유할 때 생기는 기름 찌꺼기는 사료나 비료로 유효활용되며 가정이나 학교에서 나오는 폐식용유는 지역협동에 따라 회수되어 비누나 바이오디젤로 재활용되어 또 다시 지역에서 활용된다. 이렇게 쓰레기를 줄이고, 우리의 지혜와 힘(크라우드소싱)으로 지역 안에서 나비처럼 연동되어, 되살이가 발생하여 순환형 사회가 현실화 된다. 자연과 인간 활동의 균형을 리필한다. 물론 지역의 자원순환을 만들어 가는 적정기술의 개발과 활용도 중요하다. 그래서 우리는 영천 금호지역의 금호공업 중고등학교를 주목하고 있다. 기후변화나 석유고갈이라는 글로벌 문제를 지역의 한 강변의 유채꽃 심기에서 해결의 실마리를 풀어가고자 한다. 이 작업은 미래를 여는 작은 한 걸음이다. 대재앙을 불러올 수도 있는 한 장의 와일드 카드인 기후변화의 위기를 기회로 반전시킨다.

생태마을 반디불의 꿈

듀엔 엘긴은 그의 저서 《the Living Universe》에서 자연과의 분리에서 자연과의 재일치를 귀향을 시작하기 전에 삶의 방향을 전환하는데 필요한 여섯 가지 임무를 제안하고 있다. 그 한 가지는 새로운 종류의 공동체를 창조하기이다.

"미래의 가족들이 '생태마을'에 자리한 '생태가정(eco-home)'에서 살게 될 것이며 그 규모는 생태적 지역과 나라에서 세계에 이르게 될 것이라고 생각한다. 수백 명 정도가 살아가는 각 생태 마을에는 독특한 특성과 구조물, 경제가 있다. 대부분은 아동 시설과 회합 및 축하행사, 식사를 위한 마을 회관, 공동체의 유기농 정원, 재활용 및 퇴비 시설, 종교를 위한 열린 공간들, 수공예 및 상점 등을 갖추고 있다. 각자 보유한 재능을 제공하여 지역 경제를 지원할 수 있다. 예를 들면, 예술과 의료보건, 보육, 정원 손질을 위한 비영리 학습센터, 녹색 빌딩, 분쟁 해소법 및 기타 기술의 제공으로 다수에게 일자리를 마련해 준다. 사실상 모든 사람들 사이에서 의사소통이 잘 되는 세상 속에서 살게 될 때, 이들 작은 공동체들은 작은 마을 특유의 문화 및 결집력과 대도시의 세련됨을 모두 가질 수 있다. 생태 마을은 의미 있는 일을 하고 건강한 아이들을 기르고 공동체 내의 삶을 축하하고 지구와 미래 세대들을 존중하는 방식으로 살아가기 위한 가능성을 창조한다. 목표 지향적 공동체들이 이 세상에 출현하는 것을 살펴볼 때 대다수에서 영성이 중요하다는 사실을 명확하게 알 수 있다. 결국 의식적 공동체를 지원하면서, 우리 각자는 더욱 성장하여 우주의 생명력과 좀 더 친밀한 관계를 이루게 된다."

지금 당장 듀엔 엘긴이 묘사한 생태마을은 만들 수는 없지만 큰 그림을 미리 내다 보고 구상할 필요가 있다. 산자연학교는 오산-월지-운산-공덕 네 개 마을의 입구에 있다. 전체 가구는 100여 가구 150여 명이 살고 있는 전통적인 농촌이다. 거의 60대 이상의 노인들 밖에 살지 않는다. 대부분이 과수 농가이며 콩과 깨, 자두, 무 등을 재배하고 있다. 공덕리는 2009년 농림축산식품부(전 산림청) 산촌생태마을조성 공모사업으로 선정되어 2012년에 공덕 산촌생태마을이 조성되었다.

한국사회에서 마을 만들기 붐에는 지금까지 우리가 너무 거대담론이라는 '추상성'에 묻혀 살았던 나머지 일상생활의 담론이라는 '구체성'으로의 전환에 있다고 본다. 전자가 정치적 목적이라면 후자는 '생활적' 민주주의의 달성을 그 목표로 한다.

이를테면 먹을거리의 안정성 문제, 생활 쓰레기 문제, 사교육 문제, 층간 소음문제 등 정치적 민주주의로부터 거리를 두는 것이 아니고 정치의 폭을 더 넓히는 문제이다. 그러나 관이 주도하던 박정희 정부 시절의 새마을운동과는 다르다.

마을주민의 자발성과 자치력이 더 중요한 것이 공동체 만들기이다.

한 사례가 있다. 서울 은평구 갈곡리 마을의 이야기이다. 갈곡리에 작은 어린이 놀이터가 있었는데 30년이나 지났는데 쓰레기가 쌓여 있었다. 지역주민들은 주민모임을 조직해 쓰레기를 없애고 그곳에서 문화행사도 하고 원래의 모습으로 복원해 달라는 서명운동을 벌였다. 그런 움직임에 지방정부가 호응하여 말끔한 도시농원으로 탈바꿈했다. 주민들의 자치와 자발에 의해서 이루어낸 자산이라 아주 소중한 모델이다. 도시공동체의 가능성을 볼 수 있다. 그리고 때마침 정부에서도 '협동조합 시행령'을 발표하여 이러한 흐름에 힘을 주고 있다.

사회적 협동조합

협동조합 중 지역주민들의 권익, 복리 증진과 관련된 사업을 수행하거나 취약계층에게 사회서비스 또는 일자리를 제공하는 등 영리를 목적으로 하지 아니하는 협동조합을 말한다.(협동조합기본법 2조 3항).

영천시 화북면 오산리와 공덕리에 마을기업을 만들고, 마을학교를 사회적 협동조합으로 운영되는 생태마을을 만드는 첫 출발로 '반디불의 꿈'을 시작하려고 한다.

대안학교가 협동조합의 법인격을 취득하면 재산의 사유화의 위험에서 벗어날 수 있고, 그로 인한 불필요한 갈등의 소지를 없앨 수 있다. 학교의 모든 재산이 협동조합법인에 귀속되기 때문이다. 사회적 협동조합으로 등록되면 기부금도 받을 수 있다.

오산리와 공덕리는 청정지역으로 다양하고 좋은 산야초가 사계절 있다. 이 산야초를 이용하여 효소 발효액과 산야초 절임식품을 가공, 생산하려고 한다. 마을의 각 가정에는 축적된 소중한 발효 노하우를 가지고 있다.

'청정마을 산야초 발효액 및 식품 개발·판매' 사업을 통하여 지속가능한 마을공동체 형성을 위해 마을 주민들과 함께 마을기업을 준비하고 있다. 또한 지역의 사과와 포도를 이용한 과즙 판매사업도 할 수 있다. 대구 푸른평화 생활협동조합의 유통망을 이용하여 반디불의 꿈 생산물과 도시 소비자를 바로 연결할 수 있다.

마을기업을 통한 수익금은 지속가능한 마을을 위해 사용할 예정으로 마을학교 학생들에게 장학금을 지급하고, 마을기금으로 조성하여 귀농, 귀향 가정을 지원하고, 그리고 지역에 혼자 계신 어르신과 제3세계의 지속가능한 개발에 기부할 예정이다.

'아이들의 건강한 웃음소리가 나는 마을, 주민들이 활기차게 일할 수 있는 마을, 노인들의 웃음이 끊이지 않는 행복한 마을'을 꿈꾸는 생태마을 '반디불의 꿈'은 학교-마을-영성의 생태마을공동체다.

EPILOGUE

그리스도교의 미래가 지구의 운명에 대한 가톨릭교회의 깊은 생태적 책임감에 달려 있다면 21세기 가톨릭교회의 생태 복음화를 위한 투신은 '위대한 과업'이 아닐 수 없다. 만일 지구가 실패한다면, 우리는 난순히 천주교만이 아니라 인류도 실패한다. 그러므로 가톨릭교회의 생태복음화는 한반도만의 평화가 아니라 지구 전체의 평화이다. 이 책에서는 우리나라에서 현장 중심으로 이루어졌던 가톨릭 생태운동의 교구별 선구적인 투신들과 주요 운동 주체를 중심으로 교회에서 형성되어 온 생태 복음화의 여정을 탐구하였다.

한국 가톨릭교회의 생태운동의 여명기를 집중조명 하였고, 실천적 차원에서 이루어낸 연도별 사례들을 조사하는데 초점을 맞추어 왔다. 특히 90년대에 구축해 낸 환경운동의 토대가 무엇인지 구체적으로 살펴보았다. 우리 교회의 초기 헌신적인 투신에서 볼 때, 생태 복음화의 전망을 계승하지 못한 채 다시 시작하는 비효율적인 시행착오와 실패를 겪어야 했다는 사실도 확인하였다. 1960년대 부산의 가별 수녀의 신용협동조합과 1980년대 원주의 장일순의 생활협동조합의 대표적인 사례이다. 1990년대 한국 가톨릭 생태운동의 두 축이었던 서울대교구의 '하늘땅물벗'과 대구대교구의 '푸른평화'가 두 교구 안에 생태복음화의 모델로 창조적으로 계승·발전시키지 못한 뼈아픈 사례가 있다.

그래서 이 책에서는 생태위기를 초래한 원인의 조사 분석이나 생태신학적인 모티브를 고찰하기 보다는 생태적 비전을 위한 가톨릭교회의 잠재적인 과제와 대안을 찾는데 주력하였다. 전체 과정을 통하여, 두 개의 주요 키워드로 '성찰과 통합'으로 표현될 수 있다는 결론에 이르렀다.

무엇보다도 생태 복음화 운동의 역사를 돌아봄으로써 기존 활동에 대한 '비판적 성찰'과 새로운 생태적 '과제와 비전'들의 통합이 중요하다는 결론을 내렸다. 한국 가톨릭교회가 위기상황에 대응하는 다이내믹한 잠재력과 다양한 변형적 양상을 기초로 하여 새로운 생태 복음화의 지평을 만들어가는 사례와 모델을 개발하고자 시도하였다.

우리의 성찰과 통합을 너무나 긴박하게 요구하기 때문에, 우리는 이 생태위기에 그대로 주저앉아 있을 수 없다. 왜냐하면 교부들이 그리스도교 신앙과 플라톤 철학의 결합을 통해 그리스도교 사상에 새로운 지평을 열었듯이, 성 아오스딩과 디오니소스가 신플라톤의 통찰력을 통해 그리스도교에 보다 높은 영적 비전을 끌어 올렸듯이, 토마스 아퀴나스가 아리스토텔레스에 대한 해석을 통해 그리스도교 신앙에 새로운 에너지를 주었듯이, 오늘날도 우주의 기원, 르메트르 신부의 빅뱅 - 어제 없는 오늘, 우주팽창, 그리고 생태 시대의 우리의 현대적 이해를 통해 우리 가톨릭 영적 전통에 새로운 비전과 활력을 줄 수 있다. 생태 시대라는 이 새로운 문화 부호를 창조하는 것이 우리의 다음 단계라면, 한국 가톨릭교회의 다음 단계는 이 부호와 통합된 영성을 창조하는 것이다. 이 창조야말로 새로운 복음화의 성패에 달렸다고 본다.

토마스 베리는 '지구의 꿈'에서 생태운동의 3가지 국면 즉 대결적 양상, 변형적 양상, 창조적 양상을 지적하였다. 우리 가톨릭교회의 생태운동은 지금까지 강력하게 대결하는 양상을 보였고 지금도 진행 중이다. 4대강이나 강정마을 해군기지, 반핵운동과 밀양 송전탑같이 밀어붙이는 정부와 관련기업의 오만함에 반대하려면 그와 동등한 정도의 강력한 활동이 요구되는 것도 사실이다.

지난 역사에서 보았듯이 구로공단의 산업재해, 낙동강 페놀 사건이나 수입밀에 반대하는 우리밀 운동, 새만금개발 반대운동, 광우병 촛불 집회 등에서 오는 생태운동은 조건반사적인 위기의식에서 시작이 되었고, 모든 종류의 공해에서부터 환경의 황폐화가 연관되어 있기 때문에 비리나 부정적인 면을 강조하게 되면서 정부의 국책사업을 비판하고 반대해 왔다. 이러한 대결양상은 필요하다. 왜냐하면 우리는 문제가 무엇인지 알 필요가 있기 때문이다. 그러나 가톨릭생태복음화가 무조건 반대하는 운동으로 매도되고 있는 실정이다. 비판과 반대만이 우리가 직면한 상황을 근본적으로 바꾸지는 못한다.

이 책에서 내릴 수 있는 하나의 결론은 대결양상의 운동에서 각 교구가 벌이는 변형적 운동을 통합하는 '창조적 양상'이 요청되는 것이다. '창조적 양상'이란 흩어져 분산되어 있는 각각의 운동들을 연결시킬 수 있고 연대할 수 있도록 만들어 주는 것으로 생태신학적 작업이 가장 우선적으로 필요하다. 다시 말하면 새로운 비전을 탐구하는 것도 중요하지만 이 책에서 지적하였듯이 가톨릭 전통 안에 있는 녹색성경, 녹색성인, 창조와 축복 중심의 계보, 떼이야르와 토마스 베리 그리고 장일순까지 다양한 목소리와 풍성한 자원들을 창조와 구원의 틀에 통합해야 한다. 풍성한 전통과 구체적인 현장의 경험과 새로운 비전의 통합성에서 우리 가톨릭교회가 지구의 황폐화를 치유하는 새로운 노아의 방주 역할을 할 수 있다고 본다.

1998년에는 동강살리기 영월 촛불행렬에서 정의구현사제단과 전국환경사제모임이 함께 연대를 하였다. 정의와 생태가 결합한 것이다. 가톨릭교회는 인간 정의에 초점을 맞춰 왔다. 가톨릭교회가 비록 생태 문제에 대해 최근 관심을 가지기 시작했으나 여전히 인간중심적인 관점에 머물러 있다. 그러므로 두 번째 결론은 사회 정의가 더 넓은 개념으로 확장할 필요가 있다는 것이다.

토마스 베리의 우주 생성의 원리인 '분화'를 생태적인 모티브, 즉 생태정의로 발전시킬 수 있다. 현장에서 사회노동운동가들은 생태를 자주 무시한 반면에 생태운동가들은 자주 사회정의를 소홀히 하였다. 가톨릭교회의 우리농촌살리기운동을 통해서 먹을거리의 도농직거래, 유기농 매장, 한살림 같은 생활협동조합운동이 돈 있는 사람만 먹을 수 있는 개인주의에 경도된 빗나간 웰빙주의로 비쳐지기도 했다. 이것은 사회 정의와 생태정의가 통합되지 못했기 때문이다. 제임스 콜론에 따르면 이것을 한 마디로 '지구정의地球正義' 즉 지구를 위한 우선적 선택이라고 했다. 실제로 적은 임금의 사람은 높은 비율의 오염물질의 대상이고, 지구의 자원에 접근하는데 소외될 수 있는 상황이 너무 많다. 오염이 심각할수록 지구의 황폐화가 심할수록 사회정의도 심각해진다.

가톨릭교회의 생태운동은 신학적 고찰보다는 행동이 먼저 앞서 왔다. 어떤 행동이나 조치 없이는 아이들의 배고픔이나 기후

변화를 해결할 수가 없다. 가톨릭교회는 이 두 가지를 통합하는데 좋은 영적 자원을 갖고 있다. 하지만 사회정의를 외치거나 생태정의를 부르짖거나 간에 운동을 통하여 세상을 변혁시키는 것도 중요하다. 더 중요한 것은 오히려 존재의 물음으로 자각이 되지 않고, 녹색평화를 스스로 살아내지 않으면 하나의 이데올로기로 전락될 가능성이 많았으며 숱하게 등장하고 사라진 운동이 그 증거이다.

이제 가톨릭교회는 천상에 성당을 지을 것이 아니라 지상에 '제2의 몬드라곤 공동체' 또는 '협동조합'을 창조해야 자신들이 부르짖는 것이 설득력을 부여받을 수 있을 것이라고 본다. 이제는 반대만 하는 운동에서 창조적 양상을 보여 줄 때이다. 도시 본당이나 각 교구의 대리구 단위의 지역에서는 지역과 시민사회가 함께 실천하는 생태영성으로서의 푸른평화 소비자생활협동조합 같은 모델을 창안하는 것이다. 그리고 농촌본당에서는 도시본당과 연대하여 생태 마을 만들기에 가톨릭교회가 중심축이 되어 복음화의 새로운 문을 열어야 하는 것이다. 가톨릭교회의 사회적 경제를 준비하기 위한 마을기업, 사회적 기업 그리고 협동조합을 적극 지원해야 할 것 이다.

생태 위기에서 교육은 필수적인 역할을 갖고 있다. 문제의 핵심은 대안학교이든 공교육이든 생태교육은 여전히 특별하고 특수한 성격을 갖는 것이다. 생태교육은 여전히 공교육에 통합되지 못한 상태로 남아있고 가톨릭대학에서 우주 이야기를 가르치지도 않는다. 모든 학교가 검정고시나 입시에 묶여 있는 한 몬테소리의 우주교육은 유치원에만 메아리칠 것이다. 가톨릭교회는 생태교육을 위해서 토마스 베리의 우주 이야기와 필수적인 프로그램을 개발할 필요가 있다. 이를테면 '생태교육'은 '생태'나 '녹색'에 대한 것만이 아니다. 이 교육은 전인적 접근을 가지는 것이 필요하고 많은 다른 주제를 포함하는 것이 필요하다. 왜냐하면 인간 내면은 진체적이고 통합적인 특성을 가지고 있기 때문이다. 예를 들어 지질학, 생물학, 천문학, 문학, 미술, 음악, 언어, 그리고 윤리는 생태교육 현장에서 같이 가르쳐야 할 필요가 있다. 베리가 제안하듯이 어린이들은 '텃밭 가꾸기'를 배울 필요가 있다. 왜냐하면 그것은 어린이의 감정 규모와 그들의 육체적인 참살이에 공헌하기 때문이다. '텃밭 가꾸기'에 의해 어린이는 그들이 속한 곳을 깨닫고, 양육하고 양육받도록 배우게 된다. 가톨릭 생태교육은 인간을 재창조하는 위대한 과업임에 틀림이 없다. 그런 의미에서 산자연학교의 사례는 새로운 우주 이야기를 통한 우주론으로 생태교육의 새 지평을 열 것으로 보인다.

결론적으로 가톨릭교회의 생태복음화는 어떤 새로운 종교가 아니라 행성 지구에 대한 관계에 우리의 모든 종교적 전통에서 일어나야 할 새로운 감수성이다. 매튜 폭스는 '새로운 종교개혁'에서 창조영성과 그리스도교의 변혁에 관한 95개 조 반박문에서 근대종교에서, 포스트모던 종교로 개혁을 주장하였다.

가톨릭교회의 이원론, 인간중심주의 그리고 자연과 분리하는 초월적 태도에 인해서 상대적으로 자연 세계를 적대시하는 죄와 구원의 전통이 있다. 하지만 동시에 우리의 신앙전통 속에 면면히 흐르는 창조와 축복 중심의 영적 전통과 생태교부들, 녹색 성경, 현대의 떼이야르와 장일순의 생태비전이 현존해 있다는 것도 발견했다. 그리고 토마스 베리의 생태비전이 우주적 지평까지 포용하고 있다.

필자는 현장에서 오랜 실천경험을 통해 가톨릭교회는 열심보다도 포용력이 더 중요하다는 결론에 이르렀다. 그리고 우리에게는 동아시아의 영적 전통인 장일순의 통합적 생명운동과 '협동조합'이라는 실천적 사례를 초석으로 가톨릭 생태운동의 여정이라는 역사적 모티브를 재해석하고 통합한다면 한국 가톨릭교회가 전 세계 교회를 향한 새로운 복음화를 위한 생태대 시대를 열 수 있으리라고 기대한다.

성찰과 통합의 이미지는 우리가 즐겨 먹는 비빔밥과 김치에서도 발견될 수 있다. 김치는 고추, 마늘, 젓갈, 파 등 재료들이 섞여서 발효되어 새로운 맛으로 탄생한다. 그렇다고 김치를 만드는 재료들이 없어지거나 전혀 다른 게 되는 것이 아니다. 우리가 비빔밥을 만들어 먹을 때 비빔밥의 서로 다른 자재들을 잘 섞어(mixing) 비비면 새로운 맛이 창조 되듯이 우리가 걸어온 역사 속에 실패와 잠재적 힘, 녹색 영적 전통들, 생태 비전을 잘 통합한다면 시너지 효과가 발생하여 원래의 '지구의 꿈'에 우리는 동참하게 될 것이다.

참고문헌

1. 국내 단행본

강우일(2008), 《희망으로 구원된 우리》, 한국 천주교 중앙협의회

강우일(2012), 《강우일 주교와 함께 걷는 세상》, 바오로의 딸

국중광(2007), 《한국 생태공동체의 실상과 전망》, 월인

길희성(2004), 《마이스터 엑카르트의 영성 사상》, 분도출판사

김기섭(2012), 《깨어나라! 협동조합》, 들녘

김대식(2012), 《영성, 우매한 세계에 대한 저항》, 모시는 사람들

김성오(2012), 《몬드라곤의 기적: 행복한 고용을 위한 성장》, 역사비평사

김승혜 외(2010), 《현대 생태사상과 그리스도교》, 바오로 딸

김익록(2010), 《나는 미처 몰랐네 그대가 나였다는 것을》, 시골생활

김재경(2012), 《대구경북 마을기업이야기》, 커뮤니티와 경제

김종덕(2012), 《음식문맹자, 음식시민을 만나다》, 도서출판 따비

김종욱(2004), 《불교생태철학』, 동국대학교 출판부

김준우(2012), 《기후붕괴의 현실과 전망 그리고 대책》, 한국기독교연구소

김창규(2010), 《지역사회를 비즈니스하다》, 아르케

김현대 외(2012), 《협동조합 참 좋다》, 푸른지식

김형미 외(2012), 《한국 생활협동조합운동의 전개》, 푸른나무

농업대학교 협동조합경영연구소(2013), 《협동조합학원론》, 청목출판사

밀양 송전탑건설에 맞선 산 위의 할머니들(2012),
　　　　　　　《전기는 눈물을 타고 흐른다》, 나눔문화

박문호(2008), 《뇌 생각의 출현》, 휴머니스트

박병상(2003), 《참여로 여는 생태공동체》, 아르케

박영숙 외(2012), 《유엔미래보고서 2030》, 교보문고

박용남(2005), 《꿈의 도시 꾸리찌바》, 녹색평론사

박희병(1999), 《한국의 생태사상》, 돌배개

보리 편집부(1997), 《작은 학교가 아름답다》, 보리

윤철수(2005), 《한국의 화석》, 시그마프레스

윤형근(2004), 《살림의 말들》, 모심과 살림 연구소

이동수(2013),《행복과 21세기 공동체》, 아카넷 출판사

이병훈(2000),《자연사박물관과 생물다양성》, 사이언스북스

이상헌(2011),《생태주의》, 책세상

이용훈(2011),《그리스도교와 자본주의》, 가톨릭출판사

이재돈(1995),《교회의 환경운동과 하늘땅물벗》, 사목

이재열(2012),《태양이 만든 난로 햇빛온풍기》, 도서출판 도솔

이정배(2010),《생태영성과 기독교의 재주체화》, 동연

이종민 외(2011),《위기의 지구 희망을 말하다》, 수선재

이창복(1994),《성서식물》, 향문사

임종한 외(2011),《가장 인간적인 의료》, 스토리플래너

장일순(1997),《나락 한 알 속의 우주》, 녹색평론사

전헌호(2011),《가능성과 한계》, 위즈앤 비즈

전희영 외(2005),《화석의 세계 1, 2》, 경보화석박물관

정기석(2011),《마을을 먹여 살리는 마을기업》, 이매진

정철윤(2012),《나는 남들과 무엇이 다른가》, 에이트 포인트

정홍규(1993),《생명을 하늘처럼》, 성바오로출판사

정홍규(1993),《의미요법(logotherapy)》, 푸른평화

정홍규(1995),《신부님! 우리 애 어떻게 해야 하나요》, 성바오로출판사

정홍규(1996),《두레와 살림》, 성바오로출판사

정홍규(1997),《지구안의 사람 사람안의 지구》, 가톨릭출판사

정홍규(2003),《산처럼》, 대건인쇄출판사

정홍규(2004),《빙엔의 힐데가르트》, 푸른평화

정홍규(2005),《우주의 집 안에 1, 2》, 하늘북 커뮤니케이션

정홍규(2006),《우리 한 처음 이야기》, 천주교 창조보전 전국모임

정홍규(2009),《생태영성 이야기》, 노벨미디어

정홍규(2010),《평화생태 이야기》, 바오로딸

정홍규(2012),《오산에서 온 편지》, 학이사

정홍규(2014),《마을로 간 신부》, 학이사

조성자(2010),《몬테소리 우주교육의 철학적 관점》, 공동체

조한혜정 외(2006),《가족에서 학교로 학교에서 마을로》, 또 하나의 문화

진순석(1993),《환경공해의 법률지식》, 청람

천득염 외(2009),《생태마을 Crystal Water》, 기문당

최경아 외(2011),《지구와 인류를 살리려는 동물들의 다잉 메시지》, 수선재

최성현(2004),《좁쌀 한 알》, 도솔

최재천(2007),《인간과 동물》, 궁리출판

크리스챤 아카데미(1999),《생명목회콜로키움》, 대화출판사

한마음한몸운동환경보전부(1998),《녹색성서》, 가톨릭출판사

황종렬(2008),《가톨릭 교회의 생태복음화》, 두물머리 미디어

황종렬(2008),《배추벌레 앞에서》, 두물머리 미디어

2. 번역서

Alan Thein Durning(1994),《소비사회의 극복》, 구자건 역, 따님

Alan Weisman(2007),《인간 없는 세상》, 이한중 역, 랜덤하우스

Alan Weisman(2008),《가비오따쓰》, 황대권 역, 랜덤하우스

Aljoscha A. Schwarz(2008),《빙엔의 힐데가르트의 보석치료》, 유순옥 역,
　　　　　　푸른평화

Andrew H. Knol(2007),《생명 최초의 30억 년》, 김명주 역, 뿌리와 이파리

Andrew McLeod(2013),《협동조합 성경의 눈으로 보다》, 홍병룡 역, 아바서원

Bill Bryson(2003),《거의 모든 것의 역사》, 이덕환 역, 까치글방

Brian Thomas Swimme(2012),《우주 속으로 걷다》, 조상호 역, 내 인생의 책

Carl Sagan(2006),《에덴의 용》, 임지원 역, 사이언스북스

Carla Barnhill(2012),《녹색성서 묵상》, 한국교회환경연구소 역, 동연

Catherine Doherty(2013),《죽어가는 땅의 치유를 위한 농사 사도직》,
　　　　　　이동훈 역, 더부네

Charles Cummings(1999),《환경신학》, 정홍규 역, 성바오로출판사

Cynthia Brown(2009),《빅 히스토리》, 이근영 역, 프레시안북

David Christian(2009),《거대사》, 김서형외 역, 서해문집

David R. Hawkins(1997),《의식혁명》, 이종수 역, 한문화

Diarmuid O Murchu(2008),《청빈과 독신 그리고 순명》, 성찬성 역,
　　　　　　성바오로출판사

Ed Ayres(2005),《신의 마지막 제안》, 김용수 역, 문예당

Edward Osborne Wilson(2005),《지식의 통섭(지식의 대통합)》,

최재천·장대익 역, 사이언스북스

E.F. Schumacher(2002), 《작은 것이 아름답다》, 이상호 역, 문예출판사

Ellsworth Huntington(2013), 《문명과 기후》, 한국지역지리학회 역, 민속원

Ernest Zebrowski(2012), 《잠 못 이루는 행성》, 이전희 역, 도서출판 들녘

Evan D. G. Fraser(2012), 《음식의 제국》, 유영훈 역, 알에이치코리아

Evelyn Billings(1999), 《빌링스 배란법》, 김신 역, 국제생명운동 한국지부

Felix Guattari(2003), 《세 가지 생태학》, 윤수종 역, 동문선

Franz Alt(2003), 《생태주의자 예수》, 손성현 역, 나무심는사람

Fritjof Capra(1998), 《생명의 그물》, 김용정 외 역, 범양사출판부

Gandhi(2006), 《마을이 세계를 구한다》, 김태연 역, 녹색평론사

Hans Kung(2011), 《과학을 말하다》, 서명옥 역, 분도출판사

Henri de Lubac(2012), 《떼이야르 드 샤르댕의 종교사상》, 이문희 역,
　　　　　대구가톨릭대학교 출판부

Hildegard Strickerschmidt(2006), 《빙엔의 힐데가르트 몸과 마음의 치유》,
　　　　　김영숙 역, 푸른평화

Hildegard von Bingen(2011), 《세계와 인간》, 이나경 역, 올댓컨텐츠

Howard Gardner(2007), 《다중지능》, 문용린 역, 웅진 지식하우스

J. Powel(1987), 《그리스도인의 비전》, 정홍규 역, 성바오로출판사

J.L. Brnardin(2012), 《평화의 선물》, 강우식 역, 바오로딸

James Colon(1994), 《우리 시대를 위한 지구이야기》, 정홍규 역, 분도출판사

James Lovelock(1992), 《가이아의 시대 살아있는 우리 지구의 전기》, 홍욱희 역,
　　　　　범양사

Jared Diamond(1996), 《제3의 침팬지》, 김정흠 역, 문학사상사

Jared Diamond(1998), 《총, 균, 쇠》, 김진준 역, 문학사상사

Jennifer Morgen(2004), 《용암에서 생명으로》, 정홍규 역, 유피에이

Jennifer Morgen(2004), 《우주, 폭발과 함께 태어나다》, 정홍규 역, 유피에이

Jeremy Rifkin(1996), 《생명권 정치학》, 이정배 역, 대화출판사

Jeremy Rifkin(2000), 《엔트로피》, 이창희 역, 세종연구원

Jeremy Rifkin(2001), 《소유의 종말》, 이희재 역, 민음사

Jeremy Rifkin(2002), 《육식의 종말》, 신현승 역, 시공사

Jeremy Rifkin(2005), 《유러피언 드림》, 이원기 역, 민음사

Jeremy Rifkin(2010), 《공감의 시대》, 이경남 역, 민음사

Jeremy Rifkin(2012), 《3차 산업혁명》, 안진환 역, 민음사

John Farrell(2007), 《빅뱅 - 어제가 없는 오늘》, 진선미 역, 양문

Jordan Aumann(1991), 《가톨릭 전통과 그리스도교 영성》, 이홍근 역, 분도출판사

Jordan Dawson(2011), 《다시 생태마을을 읽는다》, 이소영 역, 그물코

Joseph Ratzinger(1974), 《그리스도 신앙》, 장익 역, 분도출판사

Joseph Ratzinger(2009), 《그리스도 신앙 어제와 오늘》, 장익 역, 분도출판사

Judy Cannato(2013), 《경이로움: 인간과 우주와의 경이로운 만남》, 이정규 역,
    성바오로출판사

Keith A. Fournier(1998), 《생명을 위하여》, 정홍규 역, 성바오로출판사

Kurt Marti(1995), 《창조신앙 - 하느님의 생태학》, 이제민 역, 분도출판사

Leonardo Boff(1996), 《생태 신학》, 김항섭 역, 가톨릭출판사

Liz Simpson(1999), 《땅의 치유력》, 이광조 역, 생각의 나무

Liz Walker(2006), 《이타카 에코빌리지》, 이경아 역, 황소걸음

M. Montessori(1993), 《몬테소리의 교육과 평화》, 조성자 역, 창지사

Mark Galli(2006), 《성 프란체스코》, 이은재 역, 예경

Marshall B. Rosenberg(2012), 《비폭력 대화》, 캐서린 한 역, 한국 NVC 센터

Mary Gordon(2010), 《공감의 뿌리》, 문희경 역, 산티

Matthew Fox(1994), 《창조영성》, 홍성정 역, 푸른평화

Matthew Fox(2001), 《원복》, 황종렬 역, 분도출판사

Matthew Fox(2010), 《새로운 종교 개혁》, 김영명 외 역, 코나투스

Michael Kalff(2005), 《어린이를 위한 자연명상》, 김영숙 역, 푸른평화

Michael Pollan(2008), 《잡식동물의 딜레마》, 조윤정 역, 다른세상

Murray Bookchin(2002), 《휴머니즘의 옹호》, 구승회 역, 민음사

Paul Hawke(2007), 《축복받은 불안》, 유수아 역, 에이지21

Rachel Carson(2003), 《침묵의 봄》, 김은령 역, 에코 리브르

Sean McDonagh(1998), 《땅의 신학: 새로운 신학에의 부름》, 황종렬 역,
    분도출판사

Stephen Genuis(1998), 《위기 속의 성(성병의 맹공격)》, 김신 역,
    천주교 대구대교구 사회사목담당

Stephen Hawking(2010), 《위대한 설계》, 까치출판사

Steve Biddululp(2011), 《남자, 다시 찾은 진실》, 박미낭 역, 푸른길

Susan Clark(2006), 《지구 축일 찬양하기》, 정홍규 역, 푸른평화

T. Colin Campbell(2012), 《무엇을 먹을 것인가》, 유자화 역, 열린과학

Teilhard de Chardin(1997), 《인간 현상》, 양명수 역, 한길사

Teilhard de Chardin(2006), 《자연 안에서 인간의 위치》, 이병호 역, 분도출판사

Teilhard de Chardin(2009), 《인간 현상 이해》, 떼이야르 드 샤르뎅 연구회,
         대건인쇄출판사

Teilhard de Chardin(2013), 《인격적 우주와 인간 에너지》, 이문희 역,
         분도출판사

The Co-operative College(2012), 《학교에서 배우는 공정무역》,
         사단법인 한국공정무역연합

The Findhorn Community(2009), 《핀드혼 농장이야기》, 조하선 역,
         씨앗을 뿌리는 사람

Thomas Berry(2006), 《신생대를 넘어 생태대로》, 김준우 역, 에코조익

Thomas Berry(2009), 《위대한 과업》, 이영숙 역, 대화문화아카데미

Thomas Berry(2010), 《우주 이야기》, 맹영선 역, 대화문화아카데미

Thomas Berry(2011), 《그리스도교의 미래와 지구의 운명》, 황종렬 역,
         바오로 딸

Van Jones(2009), 《그린칼라 이코노미》, 함규진 역, 페이퍼로드

William Foote Whyte(1993), 《몬드라곤에서 배우자》, 김성오 역, 나라사랑

長岐浩(2002), 《BMW 분뇨·폐수 처리시스템》, 소라인터내셔널 코리아

佐藤學(2003), 《배움으로부터 도주하는 아이들》, 손우정 역, 북 코리아

福岡賢正(2004), 《즐거운 불편》, 김경인 역, 달팽이

3. 국외 단행본

Allan A. swenson(2003), Herbs of the Bible, Kensington Publishing Corp.

Bill Devall & George Sessions(1985), Deep Ecology, Salt Lake:
         Peregrine Smith Books.

Brian Swimme(1984), The Universe is A Green Dragon,
         Bear and Company Inc.

Brian Thomas Swimme & Mary Evelyn Tucker(2011), Journey of the Universe,

Yale University Press.

Charlene Brotman(2004), The Kids' Book of Awesome Stuff, Canada, Biddeford.

Cletus Wessels(2003), The Holy Web: Church and the new Universe Story, Orbis Books.

David G. Hallman(1999), Ecotheology, WCC Publications.

Diarmuid O' Murchu(2002), Evolutionary Faith, Orbis Books.

Dorothy C. Mcdougall, Die Deutsche Bibliothek(2003), The Cosmos as the Primary Sacrament, the Couple to Couple League.

Duane Elegin(2000), Promise Ahead, N.Y: HarperCollins.

Duane Elgin(2009), The living Universe, Berrett-Koehler Publishers Inc.

Elizabeth Roberts(1991), Earth Prayers, Harper One.

J.R. Hyland(2000), God' s Covenant with Animals, Lantern Books.

James Colon(1994), Earth Story & Sacred Story, Twenty third publications.

James Conlon(1998), Ponderings from the Principle, Forest of Peace Publishing.

Jennifer Morgen(2006), Mammals who Morph, CA: Dawn Publications.

Joe Smillie and Grace Gershuny(1983), The soul of soil, Chelsea Green.

John F. Kippley(1996), The art of Natural Family Planning, the Couple to Couple League.

John Kirvan(1997), Let There be light, Ave Maria Press.

John Seed and others(1988), Thinking like a Mountain, New Catalyst Books.

Joyce Rupp(2002), The Cosmic Dance, Orbis Books.

Lynn White, Jr(1967), The Historical Roots of Our Ecological Crisis Scince.

Margaret J. Wheatley and Myron Kellner Rogers(1996), A Simpler Way, Berrett-Koehler Publishers Inc.

Mary Evelyn Tucker and John Berthrong(1998), Confucianism and Ecology, The President and Fellows of Harvard College.

Mary Lou Randour(2000), Animal Grace, Publishers Group West.

Matthew Fox(2000), One River, Many Wells, Penguin Putnam Inc.

Mcgregor Smith, Jr.(1997), Now That You Know, Earth Knows Publications.

Michael and D' Neil Duffy(2002), Children of Universe, PA: Parent Child Press.

Micheal K. Stone and Zenobia Barlow(2005), Ecological Literacy,
    Sierra Club Books.

Micheal W. Fox(1996), The Boundless Circle,
    The theosophical Publishing House.

Mother Columbia Hart & Jane Bishop(1990), Hildegard of Bingen,
    Paulist Press.

Pierre Teihard de Chardin(2002), The Heart of Matter, Mariner Books.

Priscilla Throop(1998), Hildegard Von Bingen's Pysica, Healing Arts Press.

Thomas Berry and others(1994), World views and Ecology, ·
    Ecology and Justice.

Thomas Berry(1988), Creative Energy, Sierra Club Books.

Thomas Berry(1999), The Great Work, Bell Tower.

Thomas Berry(2009), The Christian Future and the Fate of Earth, Orbis Books.

Thomas Berry(2009), The sacred Universe, Culumbia University Press.

Tutu, Desmond(2008), The Green Bible, New york: Harper Bible.

Ursula King(2008), The Search of Spirituality: Our Global for a Spiritual Life,
    New York: Blue Bridge.

Virginia Lee Burton(1990), Life Story, NY: Mifflin Company.

Wighard Strehlow(2002), Hildegard of Bingen's Spiritual Remedies,
    Dr.Vermont: Healing Arts Press.

Winona LaDuke(1999), All our relations, South End Press.

Youngmin Song(2010), Toward an Authentic Ecological Christianity:
    a Study on Ecological Motifs in Christian Heritage and
    Thomas Berry's Vision, CA: Holy Names University.

4. 논문 및 학술서

김승태(2005), 〈매튜 폭스의 창조영성에 관한 연구〉
    성공회대학교 신학전문 대학원, 석사학위논문

김재득 외(2007) 〈인간과 환경: 가톨릭 환경운동 단체의 실태와 과제〉, 인간연
    구 12호(2007 봄), 가톨릭대학교 인간학연구소, 124-153.

김현대(2012), 〈대안적 삶, 세계 협동조합〉, 녹색평론(2012년 9-10월), 126호, 녹색평론사, 7-20.

김홍진(2003), 〈가톨릭교회의 환경인식과 실천에 관한 조사연구: 교황청 문헌과 한국 가톨릭교회 운동사를 중심으로〉, 서강대학교 신학대학원, 석사학위논문

맹영선(1999), 〈토마스 베리가 제안하는 새로운 우주론에 관한 연구〉, 서강대학교 수도자대학원, 석사학위논문

맹영선(2002), 〈토마스 베리의 우주론적 생태신학〉, 우리신학, Vol.1, 78-143.

배미애(2011), 〈교황 요한 바오로 2세의 '몸의 신학'에서 본 성의 의미-틴스타 프로그램을 중심으로〉, 서강대학교 신학대학원, 석사학위논문

심종혁(2005), 〈토마스 베리의 생태신학 소고〉, 신학과 철학 No.7, 서강대학교 비교사상연구원, 1-20.

유권종(2011), 〈생태주의와 유교 생명주의〉, 계명대학교 한국학연구소, 제5회 계명대학교 한국학 국제학술대회

유기쁨(2007), 〈생태주의와 종교연구: 흐름과 전망〉, 종교문화연구 제9호.

이계풍(2007), 〈토마스 베리의 생태영성에 관한 연구〉, 수원가톨릭대학교 대학원, 박사학위논문

이봉진(2007), 〈경상북도 하양 지역의 반야월층에서 산출되는 스트로마톨라이트〉, 경북대학교 일반대학원, 석사학위논문

이숙자(2003), 〈한국 가톨릭 환경운동의 특성분석〉, 가톨릭대학교 대학원, 석사학위논문

이연숙(2010), 〈인간생명과 자연생명에 관한 한국천주교회의 인식고찰과 통합적 접근 모색〉, 가톨릭대학교 생명대학원, 석사학위논문

이영선(1995), 〈떼이야르 드 샤르뎅의 우주적 그리스도론에 관한 연구〉, 감리교신학대학교, 석사학위논문

임도한(2000), 〈인문학과 생태주의〉, 인문과학연구 19, 성신여자대학원, 23-38.

임선영(2006), 〈토마스 베리의 생태신학을 통한 한국천주교회의 환경사목에 대한 제언〉, 서강대학교 신학대학원, 석사학위논문

정홍규(2003), 〈환경에 대한 신학적 고찰: 새로운 패러다임, 우주 이야기', 神學展望 No.143〉, 광주가톨릭대학교 신학연구소, 60-90.

최열(2000), 〈한국의 환경운동과 천주교회의 환경운동', 한국천주교회사의 성

찰(최석우 신부 수품 50주년 기념 논총 2집)〉, 한국 교회사 연
구소
한면희(2003), 〈동아시아 기(氣)-생태주의 문화와 생명 존중〉, 생명문화포럼논문
한면희(2010), 〈현실 녹색정책의 이념과 생태주의 사상〉, 동서사상 제8집,
경북대학교 동서사상연구소, 161-184.
황종렬(2011), 〈현대 가톨릭교회의 생태 포용 발전관〉, 신학전망 173호,
광주가톨릭대학교 신학연구소, 90-132.
Arne Naess(1973), The Shallow and the Deep, Long-range Ecology Movement:
A Summary, Inquiry(Oslo), Vol.16, pp.95-100.
Bruce Monserud(2002), Religion and Ecology: Vision for an Emerging
Academic Field, Consultation Report, World views:
Environment, Culture, Religion, Vol. 6, Issue 1, pp.81-93.

5. 교회 서적 및 관련 자료

교황 베네딕도 16세(2009), 진리 안의 사랑, 한국천주교 주교회의
교황 요한 바오로 2세(1995), 생명의 복음, 한국천주교 중앙협의회
교황청 정의평화평의회(2005), 간추린 사회교리(사회 교리에 대한 가톨릭 교회
의 지침), 한국천주교중앙협의회 역, 성바오로서원
왜관 캠프캐럴 고엽제 매립범죄 진상규명 투쟁백서 자료집(2011년 5월-2012년
3월), 왜관미군기지 고엽제 매립범죄 진상규명 대구경북대책
위원회
주교회의 정의평화위원회 환경소위원회(2010), 창조질서 회복을 위한 우리의
책임과 실천, 한국천주교 주교회의
천주교 서울대교구 환경사목위원회(2013), 토마스 베리의 생태 사상과 아시아
신학의 역할, 제9회 가톨릭 에코포럼 자료집
천주교환경연대(2003), 가톨릭 환경운동의 방향과 과제, 천주교환경연대 제1차
정기총회 자료집
한국천주교 주교회의 정의평화위원회 환경소위원회(2012), 환경에 관한 교회
의 가르침, 한국천주교 중앙협의회
환경정책실천협의회(2010), (환경, 더불어살기 II_2010) 보시니 좋았다!, 종교
단체 환경정책실천협의회